问蜀
东周时期的蜀文化特展
策展笔记

秦始皇帝陵博物院　编著

李岗　主编

西北大学出版社·西安

《问蜀——东周时期的蜀文化特展策展笔记》

主　　编：李　岗

执行主编：彭　文

策　　划：彭　文

撰　　稿：张小攀　周　怡

校　　对：朱明月　张小攀　周　怡

序

2023年，秦始皇帝陵博物院"东周时期区域文化系列展"时隔三年继续出发，"问蜀——东周时期的蜀文化特展"如期而至。这是"古蜀文明"和作为地域文化的"蜀文化"与当今观众的一次对话，是策展人在大历史观视野下探索多元一体中华文明形成与发展的一次经验之旅。

每一个展览都像一个独特的生命，是策展团队的心血，也是博物馆交给社会的答卷。观众在博物馆看见的，是展览最终的一面，也是最好的一面。但是，在展览背后，还有许多观众看不见的繁复的工作程序，以及策展人面临的一个又一个难题和经历的一次又一次挑战。我们以笔记的方式记录了策展的过程，并留下一些经验和反思，让经验不随着展览的结束而被遗忘，也让这些反思在下一个展览中可以有所反馈。

《问蜀——东周时期的蜀文化特展策展笔记》以轻松、活泼、务实的风格介绍了策展的整个过程，对展览选题、构思、资料整理、搭建展览框架、拟定展品、文化考察、文本深化、确定展品、完成陈列方案、内容设计与形式设计的沟通等诸多环节进行细致剖析，读者从中可以了解项目管理人员和策展团队在把控展览主题和叙事主线、关注展览细节、保持团队良好沟通、尊重各自专业、积极面对问题、重视不同观众感受、充满好奇心等方面做出的努力。除了朴实的语言，我们还通过生动、写实的插画来还原工作场景，引导读者，尤其是行业新人，去了解一个展览从无到有的过程，体验在这个过程中策展团队经历的快乐、焦虑、感慨和遗憾等种种情绪。

博物馆陈列展览工作充满趣味与挑战,是策展人给"过去"与"未来"在博物馆中相遇所创造的机会,也为博物馆与观众共同成长创造了条件。博物馆陈列展览是一个系统工程,只有各方加强合作,才能够保证这个系统工程的良好运转。因此,我们希望借由这样一本策展笔记,让观众对博物馆的工作有一个新的认识,并开启行业新人对陈列展览的好奇与探索,加强博物馆内不同部门间的理解,进而吸引更多的人支持博物馆的陈列展览工作。

希冀博物馆的陈列展览事业蓬勃向前!

秦始皇帝陵博物院院长

李岗

蜀文化特展领导小组（项目管理人员）

▌ 李　岗：秦始皇帝陵博物院院长　展览总策划

▌ 郭向东：秦始皇帝陵博物院副院长　项目总监

▌ 马生涛：秦始皇帝陵博物院陈列展览部主任　项目负责人

目录

引子：由"巴"引出的话题　001

1 "重庆"之后遇见"四川"　003

选题　004
构思　009
理清思路　014
汇报　020
组队　021
"死亡 deadline"　024
资料整理　025
拟定展品　034

2 不"止"成都 039
- 文化考察 040
- 文本深化 073
- 确定展品 088
- 地图的使用 094
- 完成陈列方案 101

3 如何"问蜀" 107
- 内容设计与形式设计的沟通 108
- 形式对内容的表达 112

4 轻舟已过"万重山" 125

不是结尾的结尾 131

后记 134

小巴

小巴大名：铜虎钮錞于
时代：战国
出土地：重庆涪陵区小田溪墓群
用途：主帅用来指挥军队行动的乐器

小蜀，咱俩可算是兄弟呀。我都去大秦游历过了，你啥时候去呀？

真的吗？小巴，我好羡慕你呀，我也想去大秦游历。我有几个兄弟，他们的祖先就在大秦，给我讲了好多大秦的故事，听说他们的祖先很会养马。真想早点儿跟我的好朋友一起去大秦看看。

小蜀

小蜀大名："成都"矛
时代：战国
出土地：四川荥经同心村
用途：兵器

"巴"不仅仅是重庆，四川也不是只有"蜀"……

引子：由"巴"引出的话题

■ 巴是一个古老的民族，主要活动于今中国西南、长江上游地区。巴人骁勇善战，得山水之灵性，借鱼盐之利而闻名于先秦。巴国，始兴于商周时期，鼎盛于春秋战国时期；疆域辽阔，"东至鱼复，西至僰道，北接汉中，南极黔涪"（《华阳国志·巴志》），包括了今重庆全境、湖北恩施、四川东北的部分地区；国都为江州，即今重庆江北区。公元前316年，巴国为秦所灭，巴地由此成为秦国最终统一六国的大后方。

■ 巴人在长江流域创造了堪与中原文化相媲美的古老文明。从部族到立国，巴人几经迁徙，在与自然和强敌的不断抗争中，他们的足迹遍及鄂、渝、川、湘、黔、陕等地，留下了许多精彩动人的故事和传说。战国晚期，巴国为秦所灭，其文化逐渐融入大中原文化的体系，成为博大精深的中华文明长河中的一条涓涓细流。

■ 为了集中展现巴文化的特质，体现巴文化的综合研究成果，2016年，秦始皇帝陵博物院在国内首次以巴文化为主题，联合四川省文物考古研究院、宣汉县文物管理所、渠县历史博物馆、武胜县文物管理所、重庆中国三峡博物馆、重庆市文化遗产研究院、重庆市涪陵区博物馆、陕西历史博物馆、张骞纪念馆（城固县博物馆）、湖南省博物馆、长阳土家族自治县博物馆和秭归县屈原纪念馆12家文博单位，经过一年多的精心筹备，原创了"寻巴——消失的古代巴国"展。展览以时间为序，以"巴国初创""巴国春秋""融入华夏"为纲，展示了神秘巴国和巴文化的诞生、成长、遇到的挫折及其最终归宿，带领观众寻觅神秘巴国极富特色的文化内涵，并探寻其历史发展之路。

1 "重庆"之后遇见"四川"

对没有去过四川的人来说,
古蜀可能就是三星堆,
是神秘的大立人和青铜面具。
作为博物馆的策展人,
我们想和观众一起"问蜀":
问它的来处——
是什么催生了这个安定富足、崇尚神祇的世界?
也问它的去处——
是什么将神性古蜀推向了充满人性光辉的世界?

选题

▎ 秦始皇帝陵博物院是一座专题类考古遗址博物馆，临时展览是对其原状遗址陈列的重要补充，可以让观众从多个层面、多个角度认识秦俑、秦陵和秦文化。"东周时期区域文化系列展"是秦始皇帝陵博物院原创的系列临时展览之一，2012年正式启动。截至目前，已成功举办了其中的"萌芽·成长·融合——东周时期北方青铜文化臻萃""南国楚宝 惊采绝艳——楚文物珍品展""传承与谋变——三晋历史文化展""水乡泽国——东周时期吴越两国历史文化展""寻巴——消失的古代巴国""平天下——秦的统一"等多个展览。

▎ 说实话，在参观"东周时期区域文化系列展"之前，大多数观众对春秋战国时期的区域文化的认识是不足的：知道有燕，但不知道燕文化的"慷慨"；知道有楚，却不了解楚地的"绮丽与浪漫"……"东周时期区域文化系列展"的举办，让千年后的参观者真正领略了当时的"百家争鸣"和"百花齐放"。幽默点儿说，就是2000年后的策展人，在全国考古工作者和历史研究人员努力工作的基础上，让春秋战国时期的地域文化之花，在三秦大地上逐一绽放。

① "萌芽·成长·融合——东周时期北方青铜文化臻萃"展厅实景
② "泱泱大国——齐国历史文化展"展厅实景
③ "寻巴——消失的古代巴国"展厅实景
④ "平天下——秦的统一"展厅实景

▌　　2019年，秦始皇帝陵博物院（秦始皇兵马俑博物馆）在建院㊵周年之际，举办了"平天下——秦的统一"大展。该展览梳理了秦人500余年的奋斗史，用"百代秦政"揭开了"大一统"后中华文明的新篇章，提前为"东周时期区域文化系列展"做了总结。

> 这是一个"神奇的整数"时间节点。"平天下"展本来应该作为"东周时期区域文化系列展"的收官之作，但神奇地提前举办了。①

> 霸天的身份在后文揭晓。

▌　　2022年夏天，**霸天**主动申报策划蜀文化特展，希望"东周时期区域文化系列展"的"填坑"行动重新开启。从2016年"寻巴"到2023年向"蜀"发问，可以确定的是，"问蜀"之后，"东周时期区域文化系列展"还会继续，毕竟"百越"之地还等着我们去探索。

> 其实就是系列展览的"坑"没填完。

---

① 书中的这种"画外音"来自秦始皇帝陵博物院陈列展览部年轻的策展助理们。

萌芽·融合·成长——东周时期	2012年			2016年 —— "寻巴——消失的古代巴国"展
方青铜文化臻萃"展				
国楚宝 惊采绝艳——楚文物	2013年			2018年 —— 铜铸滇魂——云南滇国青铜文化展
品展		秦始皇帝陵博物院		
与谋变——三晋历史文化展	2014年	"东周时期区域文化 系列展"		2019年 —— 幽燕长歌——燕国历史文化展
泱大国——齐国历史文化展	2015年			2019年 —— "平天下——秦的统一"大展
泽国——东周时期吴越两国	2016年			
文化展				

秦始皇帝陵博物院"东周时期区域文化系列展"展览图录

|008| |策展笔记| 问蜀——东周时期的蜀文化特展

构思

　　展览构思，就是对展览的主旨思想和目标进行的思考，亦即策展人要给观众传达什么信息，要讲一个什么样的故事，要怎么讲这个故事。这些既是展览的核心和策展的关键所在，也体现了展览的思想性、时代性及其对现实社会的意义。

　　霸天对东周时期的区域文化有一定的学术研究基础，因此在选题获批后，她很快便投入对展览的构思中，并对相关的历史文献、考古资料进行重新阅读，梳理策展思路。

　　霸天对"东周时期区域文化系列展"之一的蜀文化特展需要表达的主旨一直都是明确的，即展示蜀文化从特色鲜明的地域文明成长并融入中华文明的历程，借以说明在中华民族多元一体的发展格局中，"你中有我，我中有你"的文化统一性正是中华文明发展的基石，"多元聚为一体，一体容纳多元"的文明特质更使得中华文明在发展过程中呈现出绚丽多姿的色彩。

　　熟悉霸天的人都知道，她又要开始"编故事"了。确定选题—读资料、理线索—基于历史"编故事"，这是霸天的常规操作。不过对于蜀文化特展，因为霸天之前有积累，先行构思了，所以作为策展助理的我们，这次相对轻松些。当然，对新资料、新研究成果的学习和梳理仍然是少不了的。我们一致觉得，霸天的梦想或许是成为一名优秀的编剧，然后投身娱乐圈。

有没有一种可能，是她觉得博物馆圈太"卷"了，她"卷"不动了？

2022 年 11 月
霸天思考过程中的手稿

时间轴：商、西周春秋 → 战国(前316) → 秦→汉

你是谁？
你从哪里来？   → 序篇 { 宝墩
你往哪里去？   三星堆   春秋—
                          金沙   地域…

                          ↓
                    前316秦并巴蜀之前…状态
渐入中华体系 {   ↓
                    前316秦并巴蜀及之后
     ↓   ↓
完全融入   ←   春秋—汉初蜀地

观点：由神秘古蜀之明引出东院三星堆
      来自中原文明！

船板 — 延伸内容
巴蜀图语 — "文字"？

                        数/二字标识钱
统一前5秦丰冲： 郫县、成汉、成加、雍城城
                        发现。

问蜀

青川木牍
以御守
郭老开川
顾颉潭
钟即邑

移民！

★ 呈现与中原的交流以融合

粉丝出现的青铜时代
加电具持色的地域文明
前316秦开巴蜀
天工开

宝墩
三星堆人神共舞
金沙 以金以军
无二黄色国

青铜大立
青铜面具 → 贝 头像
陶器一组
玉器 璋

玉器：璋
石人 石虎
金箔 太阳神鸟（复制品）
陶器
青铜

中原文源 尊
罍

神树
铜人
飞鸟
铜眼一组

蚕丛及鱼凫，开国何茫然 ——李白《蜀道难》
蜀文化的发展逻辑及其与中华文明的关系

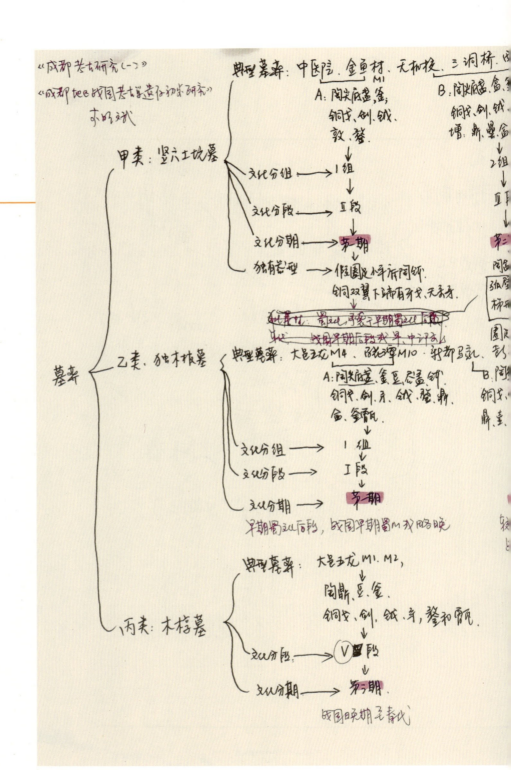

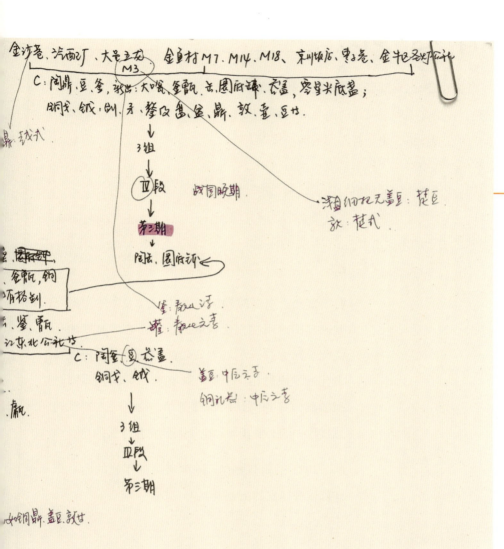

理清思路

■ 既然要"编故事",那就要有故事线,故事线也可以是时间线。古蜀文明和蜀文化的萌芽、兴盛、发展有自己独特的发展脉络,也是有时间线的。策展人会在阅读资料的过程中对这个脉络形成初步的认知,但要将这个认知变成博物馆的展览,还需要用"物"去进一步实证。这个实证的过程,不仅需要吃透研究成果,更需要从考古学的角度出发,让考古发现的"物"来"说话"。

我们就想又着腰问了:2016年筹划"寻巴"展时,为什么不把蜀文化特展一起办了,不是有个名字叫"巴蜀"吗?

■ 紧扣"东周时期区域文化系列展"的主题,就已经明确了蜀文化特展的重点是东周时期的蜀文化,而非以三星堆为代表的古蜀文明。梳理蜀文化的发展脉络,了解古蜀文明和蜀文化不同时期的典型墓葬及其代表性遗存,是策展人展览构思过程中的必要步骤,也是展览文化考察的重点。

■ 2023年春节前夕,陈列展览部年轻的内容设计师正在回家的高铁上。

霸天突然打电话过来问:

你知道三星堆文化是从哪儿来的吗?

三星堆文化之后四川还有啥,你知道吗?

得到否定的回答后,霸天又问:

这些问题你好奇吗?

我用"哲学三问"的方式作为策展思路,你觉得如何?

不知道是因为"哲学三问",又或是"霸天四问",带着梳理清楚的"脉络"和"疑问",霸天确定了用"设问"的方式来讲述这个故事。

哲学家问:你是谁?你从哪里来?你要去哪里?

策展人问:蜀是谁?蜀从哪里来?蜀去哪儿了?

要不就"问蜀"吧,本来也有"寻巴问蜀"的俗语。

带着问题进一步阅读和梳理资料后,策展人对蜀文化整体发展脉络的认知就逐渐形成了。

有了新的展览,似乎也就有了压力,但策展人很习惯将这些压力变成乐趣。每当接到新的命题,我们就会觉得身边的事物都跟自己的展览有关,比如电影里的戏剧冲突、广告牌上的简短文字、睡梦里的场景,似乎都能与自己的展览扯上关系。但这些碎片化的信息并不能串联成展览内容,必须把它们恰到好处地安排在已经确定的思路中,才能让展览出新出彩。

■ 蜀文化特展的内容架构包括以下内容：

■ **设计思想：** 呈现展览的整体设计思路，树立展览目标。这是在策划展览时首先要思考、理清的内容，就好像是行动准则。无论故事如何编写，策展人"编写的故事"始终不能偏离展览目标。

■ **陈列大纲：** 通过对各类资料进行多层面的梳理和合理的组织，用文物、图版、图表、多媒体展项等多种呈现方式，准确表达设计思想，最终形成一个合乎逻辑的内容架构。到了这个阶段，陈列大纲也就形成了。

2023 年 1 月 25 日
第一稿陈列大纲

"问蜀——东周时期的蜀文化特展"展览大纲

一、设计思想

1. 本展览是我院原创**"东周时期区域文化系列展"**之一，整体设计思路符合该系列展的基本要求。
2. **"巴蜀文化"** 作为战国时期七大文化圈之一，有着特色鲜明的地域特征。2016年，我院原创了**"寻巴——消失的古代巴国"** 特展，以时间先后为序，以**"巴国初创""巴国春秋""融入华夏"** 为纲，梳理了巴国、巴文化在不同历史时期的特点。与此相对应，蜀文化特展以**"问蜀"** 为题，亦以时间先后为序，以**设问**的方式架构展览的完整叙事，重点强调公元前316年**"秦并巴蜀"** 之后，秦对蜀地的经略，以及巴蜀地区被秦纳入版图后为秦的最终统一做出的贡献。
3. **展览目标：** 以普通观众容易理解的方式，以历史文献和考古资料为基础，叙述蜀文化由特色鲜明的地域文明成长并融入中华文明的发展历程，说明在中华民族多元一体的格局中，"你中有我，我中有你"的文化统一体是中华文明发展的基础，亦使"大一统"的中华文明呈现出绚丽多姿的色彩。
4. 展览分为三个单元五个部分，即序厅（古代文明视角下的蜀文化，展现文化多元性）、第一单元**"你是谁？——特立独行的古蜀文明"**、第二单元**"你从哪里来？——多元文化碰撞下的蜀文化"**、第三单元**"你去了哪里？——蜀文化汇入中华文明的历史长河"** 和尾厅（在中华文明从多元走向一统的过程中，地域文明做出的重要贡献）。
5. **展品选择：** 从展览主题出发，符合各单元的主题要求，不单以展品数量和级别论。

二、陈列大纲

序厅：

【展标】问蜀——东周时期的蜀文化特展

【前言】璀璨的文明

【时间轴】蜀文化发展序列

【地图】北纬30～40度的文明奇迹（在世界地图上标注北纬30～40度文明带，重点标注**川西平原**）

【形式设计建议】注意展览整体氛围的营造，由未知的神秘渐进线索明晰的文化内涵走向。

第一单元：你是谁？——特立独行的古蜀文明

【内容阐释】独具特色且神秘的古蜀文明，自"一醒惊天下"的三星堆遗址发现以来，带给世人无数的猜想。本单元以宝墩遗址、三星堆遗址、金沙遗址为线索，通过对其内涵进行解读，探寻古蜀文明的起源与发展，向特立独行的古蜀文明发出第一问：你是谁？

【形式设计建议】第一，本单元非本展览的重点内容，但又是不可或缺的重要组成部分；第二，借展文物受限。基于这两点，建议本单元的视觉呈现以围绕典型展品做内涵阐释的视频为主，对内容的三个【二级版面】进行分述，但须反映三者之间在时间上的**文化递进关系**。

【一级版面】你是谁？——特立独行的古蜀文明（5～8件，综述古蜀文明的发展脉络和内涵，反映其独具特色的地域文化面貌及已出现的与中原文化的交流痕迹）

【时间轴】距今4500年（宝墩遗址）—距今3600年前后（三星堆文化主要堆积层）—十二桥文化（金沙文化主要堆积层）

　　【二级版面】宝墩遗址：已经破解的古蜀密码
　　【投影】改写中国文明版图的史前古城
　　【展品】绳纹花边口罐、敞口圈足尊、盘口圈足尊、喇叭口高领罐、壶、宽沿平底尊、宽沿盆等典型陶器1组（距今4500～3600年，是贯穿宝墩文化4期7段始终的器物组合）
　　【延伸】宝墩文化

　　【二级版面】三星堆遗址：人神何以共舞？
　　【投影】"一醒惊天下"的三星堆遗址
　　【展品】青铜大立人（复制品或3D打印模型）
　　【多媒体】大立人猜想（以三星堆文化为背景的阐述）
　　【延伸】三星堆文化

　　【二级版面】金沙遗址：谁的黄金国度？
　　【投影】沉睡千年的古蜀王都
　　【展品】太阳神鸟金箔（复制品）
　　【多媒体】古蜀先民的太阳崇拜（将三星堆文化延续）
　　【延伸】十二桥文化

第二单元： 你从哪里来？——多元文化碰撞下的蜀文化（**主要内容**）

【内容阐释】 古蜀文明在向战国时期的地域文化——巴蜀文化的发展过程中，始终与其周边地区的多种文化保有密切联系。本单元以新繁水观音墓群、彭州竹瓦街窖藏、成都青羊宫遗址、新都木椁墓以及众多船棺葬为线索，向日益发展成熟的蜀文化发出第二问：你从哪里来？这一路走来，你都经历了什么？

【形式设计】 本单元以文物展示为主；蜀文化的状态从特色走向与其他地域文化的交流与融合。视觉呈现上与第一单元须保有联系，但应处理好由影视展示环境向文物展示环境的转变。

【一级版面】 你从哪里来？——多元文化碰撞下的蜀文化（70件，主要内容）
【时间轴】 商代晚期—西周时期—前679年（鳖灵入蜀）—前316年（秦并巴蜀）
【图表】 蜀王世系表

  【二级版面】 新繁水观音墓群：还是古蜀文明吗？
    【展品1】陶器1组：小平底器、尖底器、圈足器、喇叭形器、鸟头形把的勺等；**铜器**1组：戈、矛、削等（体现与三星堆文化的传承关系）
    【展品2】 陶盉、高柄豆（与二里头文化相似，表明中原文化因素的出现）

  【二级版面】 竹瓦街窖藏：蜀人参与讨伐商纣了吗？
    【展品1】 青铜容礼器1组：罍、尊、觯（"牧正父己"或"覃父癸"）各1件
    【展品2】 青铜兵器1组：戈2件、戟1件、钺1件
    【展品3】 青铜爵、罍、觯、三角援戈（竹园沟）；青铜罍、尊、柳叶形剑（城固）；青铜尊（韦家庄）

  【二级版面】 新都大墓：是蜀王"开明"吗？
    【展品1】 陶器1组：陶釜、豆各1件
    【展品2】 青铜礼器1组："邵之飤"鼎、凤鸟纹鼎、鏊、敦、壶、甑等各1件
    【展品3】 青铜兵器1组：戈1组5件、钺1组5件
    【展品4】 青铜工具1组：斤1组5件、削1组5件

  【二级版面】 船棺之迷：是逆流而上还是顺流而下？
    【三级版面】 商业街船棺葬（双元村）
      【展品1】 陶器1组：双耳瓮、平底罐、圜底釜、圈足豆、尖底盏、器盖
      【展品2】 铜器1组：矛、戈、钺、斤、削刀、带钩、印章等
      【展品3】 漆、竹木器1组：耳杯、盒、盘、簋；案、几、器座；梳子及篦等
      【展品4】 楚地漆木器1组（当阳、荆州楚墓）
    【三级版面】 其他船棺葬
      【展品】 "成都"矛等（大邑、广元、什邡、蒲江、郫都区、彭州、绵竹、荥经等地）

  【二级版面】 巴蜀图语铜印：蜀人有文字吗？
    【展品】 巴蜀图语铜印1组（不同形制、不同符号，1组5～7件）

第三单元：你去了哪里？——蜀文化汇入中华文明的历史长河（重点内容）

【内容阐释】公元前316年，"秦并巴蜀"开启了川西平原发展的新篇章。新秩序下的川西平原，社会安定，经济发展，成为"天府之国"。本单元以"秦并巴蜀"这一重大历史事件为纲，向走向衰落的蜀文化发出第三问：你去了哪里？强调蜀文化在这一发展过程中，慢慢弱化自有特点并最终在西汉前期，在只保有特色文化符号（巴蜀图语）的前提下，完全融入中华文明体系的过程。

【形式设计】本单元以文物展示为主；蜀文化的状态从与其他地域文化的共融向最终汇入中华文明的历史长河转变。呈现上可与第二单元保有同样的节奏，但需要在情绪上做出调整，以符合第三单元蜀文化由区域文化成长为"中华文明一分子"的结论。

【一级版面】你去了哪里？——蜀文化汇入中华文明的历史长河（70件）
【时间轴】前316年（秦并巴蜀）—前221年（秦统一）—前202年（西汉建立）—前141（汉武帝登基）

　　　　【二级版面】秦之移民墓：秦人入川做了什么？
　　　　　　【展品】青川木牍；陶平底罐、陶釜；漆扁壶、双耳长盒、耳杯等
　　　　　　　　【三级版面】秦蜀古道
　　　　　　　　【三级版面】蜀人治蜀
　　　　　　　　【三级版面】改革促发展
　　　　　　　　【三级版面】李冰修筑都江堰

　　　　【二级版面】战国中晚期的蜀墓：川军为秦的统一做了什么？
　　　　　　　　【三级版面】巴蜀的物资储备
　　　　　　　　【三级版面】巴蜀的军队储备

　　　　【二级版面】羊子山M172：是秦人还是楚人？
　　　　　　【展品1】陶器1组：壶、圜底罐
　　　　　　【展品2】铜器1组：鼎、赢、釜、甑、罍、盉、钫、盘；剑、戈、矛、弩机；镜、带钩
　　　　　　【展品3】玉器1组：玉瑗、玉环、玉觽等
　　　　　　【展品4】漆器1组：盒、奁

　　　　【二级版面】绵竹木板墓：蜀文化消失了吗？
　　　　　　【展品1】陶器1组：罐、豆、盆、釜、镂空器
　　　　　　【展品2】铜器1组：鍪、匜、勺；带钩、印章、半两钱、"桥梁币"；削刀、柳叶剑、矛、镦
　　　　　　【展品3】蒜头扁壶、蒜头壶、彩绘陶壶等（昭化大坪子西汉墓出土）

尾厅：

【地图】（动态展示）蜀文化由地域文明汇入中华文明的过程
【结语】文明的归途（是多元一体中华文明格局的重要组成部分）

三、形式设计要求

1. 内容设计以时间为序的线性逻辑相对严格，要求形式设计紧扣展览主题，在选择主体风格、设计元素、呈现方式等方面注重视觉表达的统一性。
2. 第一单元展品缺乏，但又不可或缺，建议以多媒体或数字的呈现方式对古蜀文明进行展示，但切勿与其他两个单元不统一。

汇报

2023年开年，陈列展览部组织了内容方案汇报会，李岗院长和郭向东副院长参加了这次会议。领导和部门同事对霸天的陈列大纲一致认可，并提出了一些修改意见。当然，一如既往，霸天也跟老六进行了一场现场辩论，这其实也是展览内容设计师与形式设计师沟通的一种方式。

在内容方案汇报会上，院长明示年轻人要勇于发言，要有自己的想法。会后，霸天就向年轻人发出了组队诱惑："要不要去四川吃火锅呀？"毫不意外，我们都对火锅动心了。"蜀展小分队"就这样成立了。

> 其实，我们真的是听完汇报，对"问蜀"动心了。

蜀展小分队的构成如下：

霸天

策展人 + 展览内容设计师

年龄55岁+，工龄34年，历史学专业毕业。做展览之前的研究方向为秦文化与周边文化的交流，现在主打博物馆学理论、博物馆展览策划与实践。作为本次展览的策展人，她不仅要负责策展思路的梳理、展览框架的搭建、陈列大纲的撰写和文本深化、文物清单的拟定、展品的商借，必要的时候，还要负责对形式设计师进行PUA①，坚决执行"内容决定形式"的指导思想，必须要让只爱看图片的形式设计师阅读、理解、升华展览文本。

> "霸天"取自"晋江文学"古早梗，是我们对主策展人的昵称。它的意思类似于超凡脱俗、无比强大、无可匹敌。霸天的KTV成名曲是《向天再借五百年》，但我们觉得，她想再借1500年。

① PUA，全称"Pick-up Artist"，意思是精神操控。

组队

霸天和老六是老搭档，日常喜欢battle[①]。霸天说，内容决定形式，形式是对内容的视觉表达和升华。老六说，形式决定内容，看文字干啥，只需要给他图片。在日常的不断争吵中，老六的讲述和汇报能力也不断提升，变得深谙话术，真是让人"刮目相看"呀！当然，霸天是常胜将军，这也表明："内容"胜利了。

老六

展览形式设计师 + 展览制作管理

年龄50岁+，工龄26年，油画专业毕业，日常研究方向为博物馆展览设计。他不仅要做好设计，应对霸天的PUA，而且要考虑展览的降本增效，即如何用100万的成本实现200万的效果。有时，他还需要与乙方斗智斗勇，从材料选定到现场施工，做好全面把关，把自己脑中的二维平面设计变成现实中的三维立体效果。

老六别号"程如芸"。来源于他的KTV成名曲《如果云知道》。

① battle，网络用语，意思是争斗、较量。

| "重庆"之后遇见"四川"

攀der[①]

策展助理+展览内容设计师

年龄30岁+，工龄7年，考古学及博物馆学专业毕业，日常研究方向为博物馆陈列展览，对艺术史充满向往。她负责展览文本的撰写和内容的深化。目前，个人风格不明显，有待提高。小学四年级的时候，她以为三星堆是外星人造的；现在她知道了，三星堆只是灿烂的中华文明满天繁星中的一颗。

> 周崽说der就是英文的老六。等攀der有了KTV成名曲，有没有可能更名为"张十二"呢？

周崽

策展助理+展览形式设计师

年龄20岁+，工龄3年，视觉传达设计专业毕业，日常研究方向为博物馆展览设计。她不仅要负责做设计，还是团队的大管家，负责文化考察路线的规划和展览中各种手续的操办。烦琐的流程被她梳理得井井有条，从头到尾没出过问题。当然，她偶尔也会因为压力大在办公室口出两句狂言，吆喝着要当一条咸鱼[②]。

> 周崽不配有别称，实在想有的话，"周三十六"这个名号可以分给她。KTV成名曲颇多。

小朱

策展助理+展览内容设计师

年龄30岁+，工龄5年，考古学专业毕业，日常研究方向为博物馆里的"物"，热衷于一个人旅游、看展。虽然小朱不是陈列展览部的，但读书期间学的是商周考古，对相关文物较为熟悉，而且喜欢看展，加上这次方案撰写和文物清单整理工作量大，所以霸天特意邀请她加入策展团队，负责展览内容设计和多媒体脚本的撰写。她爱好文艺，梦想是成为一名有趣的网络文学作家，最好能写出网络爆款，让大家充值阅读。

> 小朱是个方向感极佳的正经小姐姐，我们不敢给她起外号，"害怕"。

① der，即"得儿"，网络用语，形容一个人"彪"或"虎"。
② 咸鱼，网络用语，比喻不做事、不想动的人。

霸天就是我们躺平路上的"绊脚石"。

当然，按照陈列展览部日常的工作模式，一个内容设计师（霸天）搭一个形式设计师（老六），就可以承办整个展览了，似乎不太需要攀der和周崽两个菜鸟①。但霸天说是为了培养新人，在退休前要赶紧"拔苗助长"，让年轻人尽快成长，能够独立做展览。为此，她不惜胡言乱语："我和你程老师'大限将至'，你们要赶快成长呀！"她说这句话时，我们感觉老六是不同意的。

① 菜鸟，网络用语，一指新手，二指在某方面能力不及者。

"死亡deadline"

▌ 团队集结完成后,马上要面临的就是所有打工人都躲不开的终极话题——deadline[①],我们称之为"**死亡deadline**",即展览的开展时间。

▌ 无论如何都逃不开中国人择日而行的传统习惯,对于展览开幕的时间,我们也喜欢选择吉日。最受欢迎的开展时间就是国际博物馆日、文化和自然遗产日、国庆节、元旦节。

▌ 因为举办一个展览涉及文物档期、招标、施工周期等一些不确定因素,所以在大致的开展时间确定后,我们就开始掰着指头倒计时了。"形式概念设计—深化设计—施工图—造价—招标—现场制作—布展",按照这个流程倒推,便可以确定完成陈列方案需要的时间。压力山大[②]!我们恨不得将蜀文化专家老师们储备在大脑里的知识,全部拷贝到我们的脑子里。

马主任的魔音常常萦绕在我们耳边:"国庆能开不?不能太晚了啊!"

① deadline,意思是最后期限。
② 压力山大,网络用语,表示压力很大。

谁让我们入队较晚呢，
哈哈哈！

资料整理

由于我们都不是蜀文化方向的专业研究人员，所以对相关资料的搜集、阅读和梳理是策展前非常重要的环节。搜集资料可以让我们很快了解目前学界关于蜀文化的研究方向和研究方法，而阅读和梳理资料则能够使我们掌握目前学界关于蜀文化的研究成果，以及目前因资料不足等原因尚未解决的或者仍然存疑的问题。这些成果和问题，从某个方面来说也是展览内容设计的素材。我们会将"成果"在展览叙事中与观众共享，也会把"问题"坦诚地抛给观众，让他们与我们一起在展览中探索与思考。

值得庆幸的是，在这次的资料搜集行动中我们有了捷径，那就是直接从霸天的电脑里拷贝了23.8G的资料。当然，一般情况下，我们是需要自己去搜集、整理资料的，"拿来主义"万万不可。

蜀展资料搜集

要求：

1. 做好资料分类和记录，建立目录。

2. 专著类资料尽量收集到电子版，如果没有，需在目录中写明出版信息。

3. 相关的优秀学术讲座、视频、记录片也要收集。

4. 注意资料的专业性和权威性。

资料

图片资料：资料收集过程中觉得合适的、符合展览主题的图片要及时收集，并标注好来源和出处。

文献资料：根据主题和大纲，变换关键词在学术网站和图书网站搜索、下载，并做好分类。

建议途径

1. 中国知网、万方、维普、中国国家图书馆、国家哲学社会科学文献中心些数据库。

2. 中国考古网（有最新的考古类书籍和资料）

3. Zlibrary； 4. 鸠摩搜书、效率集、百度； 5. 专著和博士论文的参考文献。

6. 图书购买网站可查到较新的出版书籍 7. 微博、微信公平台、知乎平台的回答有时候也很专业。

搜集

▎在搜集资料的过程中，我们强调一个"全"字，不仅涉及文献资料、考古发掘材料、研究专著和期刊文章等，而且在现今自媒体如此发达的时代，公众号文章、知乎问答、短视频、纪录片等对相关问题的表述和讨论，也能给我们提供灵感和线索。特别是有些影视资料，如《国家宝藏》《中国考古大会》等制作专业且精良的节目，其独特的影视表达手法更容易让文物"活"起来，让历史生动起来。它们的表达方式值得我们在策展过程中借鉴。

▎搜集资料的过程也是对资料整理分类的过程。我们一般按照关键词、发表时间、硕博士论文、权威著作和一般研究等不同标准对资料进行分类，便于之后的阅读和梳理。虽然我们搜集资料的宗旨是"全"，但是在阅读的过程中，总还会发现有些许漏项。因此，在阅读资料的过程中，我们还会习惯性地看一下作者的参考文献和注释，去检查是否有资料的遗漏。一旦出现遗漏，就要对资料进行二次、三次的搜集。

阅读

▌"如果要写 1 万字的陈列方案，你们就要做好先阅读 100 万字资料的准备。"这是刚开始做展览的时候霸天就告诉我们的，当然，她自己也是这样做的。

▌拿到资料后，最重要的工作就是阅读。这次特别省力的是，可以直接顺着霸天已经捋好的思路进行阅读，这也是我们真正认识蜀文化的第一步。不过，三个策展助理的阅读习惯都不一样：有的喜欢先读专著、通论或博士论文，把握总体后再挑选重点进行阅读；有的喜欢按照发表时间从早到晚阅读；有的会先看最新研究成果。阅读的过程也是我们认识蜀文化的过程。

▌同时，基于陈列大纲，我们会带着自己的好奇心去阅读，这亦是走进蜀文化最重要的一步。好奇三星堆，好奇它的神树和大面具，好奇三星堆先民们的世界是怎样的；也好奇三星堆之前的蜀地有什么，三星堆之后的蜀地又发展成什么样子了；《华阳国志》中的"蚕丛及鱼凫"是谁；东周时期诸侯争霸时，蜀地发生了什么样的故事呢；司马错伐蜀之后，蜀地又呈现出什么样的状态；秦与蜀的关系究竟是怎样的……无数的疑问和背后的故事对我们来说都像未知，也不由得吸引我们去主动探索熟悉又陌生的蜀地。

▌阅读过程中的及时记录也很重要。针对展览中可能会用到的不同研究观点及其出处、可用的文物、照片等，也都要在阅读过程中做好摘录、扫描和统计，方便后期撰写陈列方案的时候使用，也能给老六提供设计素材。

> 这一点大家千万要听我们的，这可是我们付出了巨大代价得到的教训。这个教训就是一遍又一遍地重复做工。

▌阅读的过程也是我们批判地印证霸天陈列大纲可行性的过程，更是为后期在陈列方案撰写过程中可以与霸天较量而积攒实力的过程。

梳理

■ 不同学者的研究思路、观点、方法和引用的资料等都是有差异的，因此我们在阅读这些成果的过程中对这些知识进行梳理也很有必要，有助于我们在确定展览思路的过程中把握好展览逻辑，理清展览主线、辅线、辅助内容、延伸内容等不同层级内容之间的关系，确保信息的完整性和准确性。

■ 在梳理资料的过程中，我们还要把自己化身为导演，做好"选角儿"的准备，展览中部分展品的挑选也在这个阶段进行。通过阅读考古发掘报告，我们很容易发现这些"角儿"，这也为我们后期的文化考察提供了依据。这个阶段的"选角儿"也可以说是对展品进行的小规模"海选"，一定要给自己多一点选择，防止在后期的文物商借过程中出现意外。除了文物，我们还"觊觎"学者们已经绘好的各类器物线图、地图等，这些都可能成为我们展览的重要展示元素。就如谭其骧先生的《中国历史地图集》，我们的许多展览中都有它的影子，或直接引用，或根据需要重绘后再利用。估计还不等我们退休，它就得"退休"了，因为利用率实在是高。

就是被我们翻坏了。

■ 随着阅读资料的深入，我们对蜀的向往越来越迫切了，大家都希望去蜀地真切地感受资料中所写，看看作者笔下的蜀地百态。

最重要的是，终于可以去四川吃川菜了。

情境设置

▌ "情境设置"是我们讲好故事的重点，也是策展人在阅读和梳理资料的基础上，通过重新构思和巧妙设计，将古代历史与当今社会、将知识信息与展厅里的观众，建立起联系的重要手段。蜀文化特展是我们对"博物馆就是剧场"策展理念的又一次实践。

▌ 在欧美和中国台湾地区的博物馆界，很早就有了"博物馆就是剧场"的策展理念。依据这个理念进行的博物馆展览内容策划及对展示空间的规划，可以将观众置身于策展人设计好的情境之中，增强观众的体验感和在场感，激发博物馆的潜能，构建以观众为中心的博物馆。

▌ 在这样的策展理念下，展览内容设计师将自己化身为编剧、导演、制作人，负责剧本创作、角色挑选和剧本落地，展览制作和布展时可能还要化身场务；而形式设计师则化身艺术总监，兼职美工和服化，还得兼职作曲，力争让整个展览空间呈现出韵律美。博物馆观众是我们的"衣食父母"，至于他们能不能变成我们的"剧粉"，就要看我们的编排、导演和表现能力了。如此这般，我们只有以观众为中心，用观众更容易理解和接受的方式来策划和落地展览，才能尽力实现与观众的良好沟通。

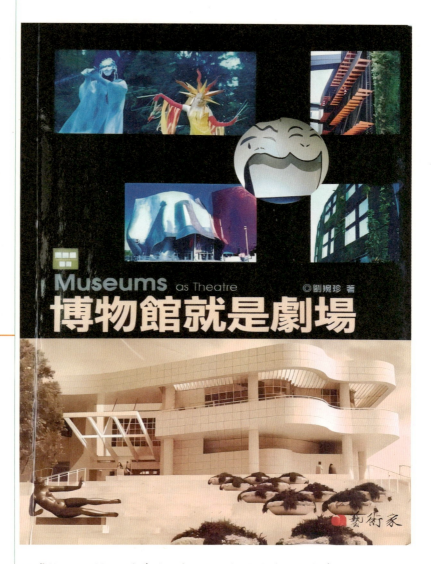

▶博物馆如剧场，随着时、空、人、物的转移，上演着不同戏码。整个博物馆就是一座穿梭时空的记忆剧场，人们在此场域中与自己和他人的记忆感通，与过去、现在或未来的世界接轨。博物馆其实是个动词，所进行的正是说故事与听故事的互动交流。

————刘婉珍《博物馆就是剧场》

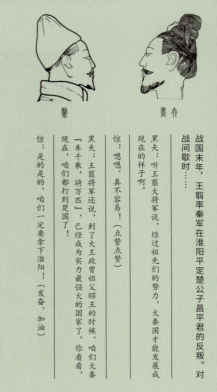

黑夫与惊的对话

其实,早在2019年,我们院就已经进行过一次这样的尝试。在"平天下——秦的统一"大展中,策展人将湖北云梦睡虎地秦墓中出土简牍上提到的"黑夫"和"惊"化身为展览的引导者和参与者,用倒叙的手法讲述了秦人500余年的奋斗史。这是一次有益的尝试,观众可以沉浸在故事情境中,与黑夫和惊一起,反观秦波澜壮阔的崛起之路。(1975年,湖北云梦睡虎地秦墓中出土了大量竹简,其中就包括名叫黑夫和惊的普通秦军士兵写给家人的书信,堪称我国最早的家书。)

衷：兄弟们啊，也许你们根本没有想到，我们伟大的皇帝铸就的伟大帝国，仅仅维持了十五年，可惜，可惜啊！这十五年里，统一政令颁布到全国各地，社会刚刚安定，人们刚刚摆脱战乱，但但但，又跌进了『苛政猛于虎』的深渊。我们的生活苦不堪言，可叹，可叹啊！（跺脚叹气）

衷：（黑夫和惊）兄弟们啊，你们努力拼杀所得的功爵，里长都给了我们（哭诉），我们现在生活得还不错。大王最终兼并了六国，天下一统了！看着你们的信，又勾起了我深深的思念。我也跟你们说说，这些年都发生了什么事吧……

淮阳一战，秦军战胜了楚军。然而『黑夫』『惊』兄弟二人却战死沙场。他们寄给兄长的书信，一直陪伴在『衷』的身边，并于两千多年后重现，将我们带回了那个时代……

特立独行的古蜀文明
你是谁

多元文化碰撞下的蜀文化
你从哪里来

蜀文化汇入中华文明的历史长河
你去了哪里

这一次的蜀文化特展，霸天再次实践了这一理念，通过"你是谁？——特立独行的古蜀文明""你从哪里来？——多元文化碰撞下的蜀文化""你去了哪里？——蜀文化汇入中华文明的历史长河"三个版块，以设问的方式将观众带入设置好的情境之中，让观众与策展人一起感受蜀文化的魅力。

拟定展品

▍如果说项目管理人员、内容设计师和形式设计师是剧场的幕后人员，那么展线上的展品绝对就是舞台上最耀眼的明星。演员可以按照剧本要求，通过表情、声音和肢体语言来诠释角色，但文物则不同。文物虽然含有丰富的历史、艺术和科技信息，却没有意识，不能自己找到自己在展览中的准确位置；它们也不会说话，不能把自己的角色特点通过自己的语言直接传递给观众。所以，这就需要策展人的帮忙。它们是主角，还是配角？要用文字、图版，还是多媒体来讲述它们的故事？这些都由策展人说了算。当然也需要形式设计师的帮忙，展具、灯光等对角色的诠释是必不可少的。

▍展品的拟定就好像演员的海选，之后就是确定其饰演的角色。根据展览主题，策展人会利用各种渠道选定文物，比如在搜集、阅读资料过程中筛选，或是利用文化考察的机会查漏补缺。

▍一提到蜀，浮现在大家脑海里的一定是"三星堆"，它们就是superstar[①]。我们仿佛看见6米高的神树在向我们招手，大立人在凝视着我们。我们迫不及待地想要伸出自己的"魔爪"，把它们通通抓进展厅。

▍Duang[②]，理想照进了现实！现实让我们铭记：东周才是蜀文化特展的主场，商周时期的三星堆文化在这里不是主角，我们必须紧扣展览主题进行"选角儿"！经费有限，空间有限，观众的观展时间也有限——这些问题让我们的选择过程也略显艰难。如果用导演的眼光来看，就是只有"实力演员"——东周时期的蜀文化相关展品——才是我们展览的正主。

① superstar，意思是超级明星。
② Duang，网络用语，用来形容某个动作效果或模仿某种特效配音。

▎面对"顶流"(三星堆遗址出土文物),我们使劲儿克制自己。例如"三星堆",我们仅选取了三星堆遗址3号祭祀坑出土的跪坐铜人像和铜人头像两件展品,而对于档期满满的铜大立人像,我们则采用了"3D打印模型+投影"的方式,将铜大立人像伫立在我们展览的序厅。但是,对于与我们的展览适配度极高但是对展示环境又有严格要求的"更修田律"木牍、成都商业街船棺葬出土漆器等文物,我们则不遗余力,商借不行就"刷脸",甚至打起感情牌。在我们经费不足的情况下,霸天还拉来了赞助——一个巨型展柜,这才让大漆床有地儿安放。

跪坐铜人像
::商代
::高11.5厘米::宽5.8厘米::厚2.4厘米
::四川广汉三星堆遗址3号祭祀坑出土
::四川省文物考古研究院藏

铜人头像
::商代
::高39.5厘米::耳间距18.5厘米::颈后至鼻尖距16.5厘米
::四川广汉三星堆遗址3号祭祀坑出土
::四川省文物考古研究院藏

◎三星堆遗址中的祭祀坑出土了众多青铜人头像,形式有平头顶、子母口头顶藏双角形头盔,以及圆顶戴帽箍等多种类型,还有垂髻、盘髻高髻、椎髻等不同发型。这些丰富的人物造像,填补了中国早期青铜雕像艺术的空白。

■ 能准确说明展示内容的"组合展品"也是我们挑选的重点。比如我们要说明盥洗之礼，就会把盘和匜一起展示。拟定展品的时候，策展人不但要考虑展品与展览主题的关系，还要考虑展品与展品之间的组合关系，以及组合展品与展览主题的关系。比如什邡城关战国秦汉墓群，因其延续时间长、序列完整，我们便选取墓群中出土的战国早、中、晚期至秦、汉各时期的文物进行展示，这不仅凸显了我们的设计巧思，即突破"物"的限制，以更能说明当时社会文化特征的"墓葬"为叙事元素，而且与展览的整体思路相契合，强调了展览中的"地区"特征。

铜矛
::战国早期
::通长17厘米 ::骹长7.6厘米 ::叶宽2.9厘米
::四川什邡城西出土
::什邡市博物馆藏

"十方王"铜印章
::战国中期
::边长3.6厘米 ::印台厚0.45厘米 ::残高0.65厘米
::四川什邡城西出土
::什邡市博物馆藏

◎ 方形印面，印面图案分上下两组。上组图案为雷纹及曲尺纹，下组图案左侧为罍，右侧为铎。印背以钮为中心将图案分成四组，每组有一单个阳文符号，以顺时针方向，读为"十""方""口""王"。

铜矛
::战国晚期
::通长29.2厘米 ::骹长7.3厘米
::叶宽5.7厘米 ::骹径2.7厘米
::四川什邡城西出土
::什邡市博物馆藏

圜底陶罐

∷ 秦代
∷ 残高10.8厘米
∷ 四川什邡城西出土
∷ 什邡市博物馆藏

张翼蝉形铜带钩

∷ 战国末期
∷ 通长14.5厘米 ∷ 腹宽4.5厘米
∷ 四川什邡城西出土
∷ 什邡市博物馆藏

　　另外,当我们把展品放进相应的故事版块之后,所有展品之间能否形成一个清晰、合理、完整的脉络,也是需要仔细考量的。如果关联文物之间出现了"间隙",就需要用其他的方式如不同形式的辅助展品、标本、艺术品等来弥补。当然,弥补方式也不能随意选择,都要以研究为基础。例如单元之间的过渡,我们就选取了"时间轴+关键词"的方式——通过设计上的强调和凸显,不仅使内容连贯统一,而且空间上也能很好地过渡。

距今4500—3600年
宝墩文化,以宝墩古城、郫县古城等遗址为代表

距今3600—3100年
三星堆文化,以三星堆遗址主体遗存为代表

距今3100—2600年
十二桥文化,以金沙遗址为代表

商代晚期

西周

约前8世纪—前7世纪初
鳖灵入蜀东周时期的晚期蜀文化,以成都商业街船棺葬、新都马家木椁墓为代表

前316年
秦并巴蜀

前221年
秦统一

前202年
西汉建立

前141年
汉武帝登基

"重庆"之后遇见"四川"　　|037|

2 不"止"成都

实地文化考察,让策展团队的每个人都化身"拍照狂魔",恨不得自己的相机内存无限大。做内容的需要材料:拍版面,拍文物,拍多媒体内容,有时还会拍下版面上标注的参考文献,看看自己是否漏了重要资料。

做形式设计的需要设计元素和灵感:他们不仅拍博物馆,连城市小景、建筑外观、橱窗中的色彩等也不放过,有时还会偷偷拍下别人的设备型号。老六会在大晚上拖着因痛风疼痛的双腿顽强地逛到书店关门,也不知道里边的装置是否可以带给他灵感。

文化考察

▎文化考察是我们最喜欢的策展环节。在这个环节里，我们需要不停地变换交通工具、更换内存不足的手机和相机的存储卡，在博物馆不同的展厅中实现"幻影移形"。看到精美文物和精品展览时的那种兴奋，实在难以言表。

▎文化考察的目标：第一，确定前期梳理的展览脉络和思路能否实现，是否有足够的材料来支撑展览主题；第二，在考察过程中发现问题，及时修正策展思路，不断丰富陈列大纲；第三，学习当地博物馆的展览，尤其是关于当地历史、文化的基本陈列，这也是最快速、最准确地了解当地文化发展脉络的途径；第四，从文献、视频中获得的材料、画面和信息并不能带给我们最直观的感受，只有去实地观看与体验，才能真正地明白这片土地所孕育的文明的特质。只有策展人自己感受到了，才能创作出能与观众共情的展览，才能让观众在参观过程中获得良好的体验。

【一级版面】你从哪里来？——多元文化碰撞下的蜀文化（70件，主要内容）
【时间轴】商代晚期—西周时期—前679年（鳖灵入蜀）—前316年（秦并巴蜀）
【图表】蜀王世系表
　　　　【二级版面】新繁水观音墓群：还是古蜀文明吗？
　　　　　　【展品1】陶器1组：小平底器、尖底器、圈足器、喇叭形器、鸟头形把的勺等；铜器1组：戈、矛、削等（体现与三星堆文化的传承关系）
　　　　　　【展品2】陶盉、高柄豆（与二里头文化相似，表明中原文化因素的出现）

考察之前，我们通过阅读和梳理资料，将新繁水观音墓群列入我们的展示内容。但在考察过程中我们发现，该遗存出土的文物不能满足展示需求，须调整陈列大纲。

▌　考察之前，蜀展小分队的大管家周崽会根据考察需求规划出合理的参观路线，提前办理好参观学习公函——这主要是为了方便霸天社交。我们每到一个博物馆，只要在人家的展线上看见了心仪的文物，霸天就会使出"洪荒之力"①，去跟博物馆的老师交流，追问这件文物可不可以借。如果在展线上没有看见合适的文物，霸天还会"得寸进尺"地问："那咱们库房里有没有同类的文物可以推荐给我们呢？"

▌　考察之后对陈列大纲的及时修订也是必要的，最好马上进行。根据文化考察带来的灵感，我们会及时梳理大纲脉络，修正思路，精选更合适的文物。

▌　如此这般，考察四人组——霸天、老六、周崽和攀der四次入川，完成了对四川及陕西的近30家文博单位的文化考察，行程万里余。蜀文化特展的陈列大纲和展品清单由此基本确定。

①　洪荒之力，网络用语，意思是天地初开时足以毁灭世界的自然之力。

① 初入成都

住：杜甫草堂漫心酒店（四川博物院协议酒店）

2.9　西安北站 —— 成都东站　　成都东站 —— 酒店 —— 四川博物院 —— 酒店
　　（D1371　07:43 — 11:24）

　　参观：四川博物院

　　　　　　　　　　　　　　　　　　　"陈麻婆豆腐"
　　　　　　　　　　　　　　　　　　　"牛市坎火锅"

2.10.　酒店 —— 成都考古院　　　　酒店 —— 青白江博物馆
　　　　　（打车）　　　　　　　　　（打车）

　　参观：成都考古院（未对外开放）　　吃：成都考古院饭堂
　　　　　青白江博物馆

2.11　酒店 —— 金沙遗址博物馆
　　　　（打车）　　　　　　　　★ 2.16 成都东站 —— 西安北站
　　参观：金沙遗址博物馆　　　　　　（G3290　10:42 — 14:35）

　　　　　　　　　　　　　　　　　♥ 不再流浪.

2.12　酒店 —— 成都武侯祠博物馆
　　　　（打车）
　　参观：成都武侯祠博物馆

2.13　成都 —— 德阳
　　　　（打车）
　　参观：三星堆博物馆

2.14　成都 —— 成都博物馆
　　　　（打车）
　　参观：成都博物馆

2.15　成都 —— 宝墩遗址考古工作站 —— 展柜厂
　　参观：宝墩遗址考古工作站　展柜厂

▶ 2023 年 2 月 9 日,初次入川第一站:四川博物院

四川博物院回答了攀 der 的疑惑:三星堆不是外星人造的,它有来处,也有去处。

看了东坡居士的展览,攀 der 第一次记住了他是四川人。

▶ 2023 年 2 月 10 日，初次入川第二站：成都文物考古研究院

认识了千年成都城和成都考古，这些都可以为蜀展的细节表达添砖加瓦。

▶ 2023年2月10日，初次入川第三站：青白江博物馆

除了成都商业街船棺葬，新的考古成果青白江区双元村船棺葬也是我们的考察重点。

双元村船棺葬是以船棺葬为特色的晚期蜀文化遗存，而且其墓葬等级分化明显，为研究开明王朝时期的蜀国历史进程提供了实物资料。这些资料让蜀文化特展的内容更充实了，我们展线上的许多好东西都来自这里。

> 今天是龙抄手呀！

▶ 2023 年 2 月 11 日，初次入川第四站：
金沙遗址博物馆

这是一个 3000 多年前在成都平原上真实存在过的金色世界，是继三星堆遗址之后发现的又一个古蜀人的文化中心所在。

▶2023年2月12日,初次入川第五站:成都武侯祠博物馆

照片里的"明良千古"展是"第十九届全国博物馆陈列展览精品推介"活动优胜奖得主。该展览对多媒体的使用值得我们学习,它既合理利用了空间,又弥补了展品的不足。

▶ 2023年2月13日，初次入川第六站：四川广汉三星堆博物馆

不是神的国度，而是人的神界。沟通上天，祈求福祉，营造人神共舞的和谐世界。三星堆文化是成都平原古蜀文明发展的最高峰。

▶ 2023年2月14日，初次入川
第七站：成都博物馆

看见了成都人的前世今生，以及他们标志性的笑脸。我们是不是可以称它为"蜀人笑"？真的有被它感染到。

▶ 2023年2月15日，初次入川第八站：宝墩遗址考古工作站

作为成都平原的文化之根、解读古蜀文明的重要密码，宝墩遗址有力地证明了成都平原是中华文明的重要源头之一，为中华文明起源呈现多元一体、多元一统的发展格局提供了重要佐证。

这里环境太好了，怪不得宝墩人要住在这里，我们也想在这里定居。附近农家乐的黄辣丁特别鲜，好好吃。

② 邂逅青川

3.3　西安北站 —— 广元站
　　（D1921　09:20 - 11:13）
　　参观：皇泽寺博物馆
　　　　　千佛崖
　　　　　广元市博物馆

住：希尔顿欢朋酒店.

腊肉川菜
（皇泽寺）火锅

3.4　广元 —— 青川　　青川 —— 青川站　　青川站 —— 绵阳站
　　（打车）　　　　（打车，川洛车）　　（G2851　12:23 - 13:03）
　　参观：青川县博物馆
　　　　　绵阳市博物馆

住：绵阳全季酒店（小姐姐超热情）

师傅：公交车1小时到不了，我能！

3.5　绵阳站 —— 德阳站　　德阳 —— 什邡 —— 德阳
　　（C6229　09:48 - 10:13）　　（打车来回）
　　参观：德阳市博物馆
　　　　　什邡市博物馆

住：绵麟东方酒店.

3.6　德阳站 —— 西安北站
　　（G308　11:21 - 14:42）

▶ 2023年3月3日，二次入川第一站：广元市博物馆

这里有个千佛崖，是平民的宗教世界。

广元是秦人入蜀的第一站。

在金牛道遗址，霸天时时提醒我们要拍资料。

▶ 2023 年 3 月 4 日，二次入川第二站：青川县博物馆

青川郝家坪战国墓地出土的陶器类型流行于秦、楚两国各地，但墓中只有秦墓中常见的鼎、壶组合，未见楚墓中常见的组合形式。陶器中的双耳釜、双耳罐和蒜头壶是关中秦墓所特有的代表性器型。这个墓地是由秦入蜀后的秦国移民的墓葬。这里出土的"更修田律"木牍，全面反映了秦在蜀地因地制宜实行"开阡陌"制度的历史事实。

参观完青川县博物馆，我们要坐 13：00 的高铁去绵阳市，下午要参观绵阳市博物馆。青川高铁站不在青川县，而在青川县下辖的一个镇上。我们要从青川客运站坐公交车去这个镇，才能坐上高铁。

在去青川客运站的出租车上，我们问司机："师傅，咱这儿的公交车下午 1 点之前能到高铁站吗？"

司机说："公交车不能，但是我能。"

于是，我们舍弃了公交车，坐出租车直接去高铁站。然而，出租车的速度和司机师傅的车技，差点把攀 der 和周崽从这个美丽的世界送走，55 岁＋的霸天反而跟个没事儿人一样。这不科学！

这趟旅程告诉我们，学习策展，先得有个好身体。

▶ 2023 年 3 月 4 日，二次入川第三站：绵阳市博物馆

绵阳位于四川盆地西北部，素有"蜀道咽喉""省门蕃蔽"之称，金牛古道由此而过。夏商周三代，绵阳就已是古代蜀国的北境要冲。绵阳在秦时归蜀郡，汉时置县，归广汉郡管辖。

摇钱树上的"钱纹"实有更深之含义：钱纹与星、云之组合关系，特别是钱纹周身放射的光芒，证明其本身就是太阳的一种表征。而有钱即有光明，似乎也是摇钱树的另一层隐义。

> 绵阳还是摇钱树之乡，看来古人早已经悟了。看着满厅的摇钱树，霸天好像也悟了。她说她有个策展的好点子。

▶ 2023年3月5日，二次入川第四站：什邡市博物馆

什邡位于成都平原与青藏高原东缘山区的连接地带。在1998年至2002年间清理的位于什邡地区的98座中小型墓葬中，发现了船棺葬、木椁墓、木板墓和土坑墓四种类型的墓葬。

这些墓葬延续时间长，序列完整，形制复杂，随葬器物丰富；其文化面貌虽属蜀文化系统，但文化因素多样，墓主既有蜀人，也有来自其他地区但接受了蜀文化的移民。这些发现说明什邡自战国早期至西汉中晚期，一直与楚、秦、滇以及带有石棺葬文化因素的族群等多种外来文化保持着密切的联系。

什邡是意外之喜。去之前，我们知道什邡有我们需要的东西，但是不知道居然有这么多好的藏品。当时，我们都觉得霸天想搬走人家整个展厅。果然，参观完博物馆跟人家老师交流的时候，霸天真地提出了这种"丧心病狂"的要求。特别幸运的是，什邡市博物馆特别支持我们的工作，他们觉得能让什邡的文物和文化被更多的观众看见，是一件特别幸福的事情。果然天下文博是一家呀！

这才是正门！

不"止"成都

什邡市博物馆中陈列的什邡地区的船棺葬序列完整，藏品类型多样，展示内容学术性强，对蜀文化特展整体思路的表达特别有建设性意义。刚参观完，霸天脑子里就已经有了修改和调整陈列大纲的想法。

3 再遇茂县

4.3　西安北站——成都东站　　成都东站——郫都区博物馆　　郫都区博物馆——东站全季
　　（D1915　9:00-12:17）　　（14:02 地铁）　　　　　　（地铁+打车）　衣赠图录
　　参观：郫都区博物馆

4.4　成都——乐山　　　　　乐山——成都　　　　　　　住：成都东站 全季
　　（CG8787　9:42-10:28）　（G2184　15:13-16:07）
　　参观：乐山市博物馆
　　　　 汉崖墓博物馆

4.5　成都——雅安　　　　　雅安——荥经——雅安　　　住：雅安 维也纳酒店
　　（C3346　10:04-11:42）
　　参观：雅安市博物馆
　　　　 荥经县博物馆

4.6　雅安——蒲江　　　　　蒲江——成都南站——→犀浦站　犀浦站——都江堰
　　（C3484　9:50-10:13）　（C3398　13:22-C3398）打车　（C6141　15:23-15:47）
　　参观：蒲江县博物馆　　　　　　　　　　　　　　　住：都江堰汉庭

4.7　都江堰——茂县　　　　茂县——都江堰　　　　　　住：都江堰汉庭
　　（大巴：10:20-13:00）　（汽车　16:30-19:00）　　鸡枞菌炖猪手
　　参观：茂县羌族博物馆

4.8　都江堰——犀浦　　　　犀浦——→成都东　　成都东——德阳　住：德阳 瑞麟
　　（C6118　10:47-11:08）　（打车）　　　　　（D1928：12:40-13:03）

　　德阳——绵竹　　绵竹——德阳
　　（大巴）　　　 （打车）
　　参观：绵竹市博物馆（都江堰市博物馆没开）

4.9　德阳——彭州　　彭州——德阳　　　　　　　住：德阳 瑞麟
　　（大巴）　　　　（打车）
　　参观：彭州市博物馆

4.10　德阳——西安
　　（D1920　09:44-13:30）

▶ 2023 年 4 月 3 日,三次入川第一站:成都市郫都区博物馆

从成都东站出发,坐了一个半小时的地铁,到达郫都区博物馆,却发现我们选择的文物不归这儿收藏。跟年轻的馆长交流后,蹭了人家三本图录,走人。古蜀国的望帝杜宇和丛帝鳖灵都在这里待过,这个千万不能忽略。

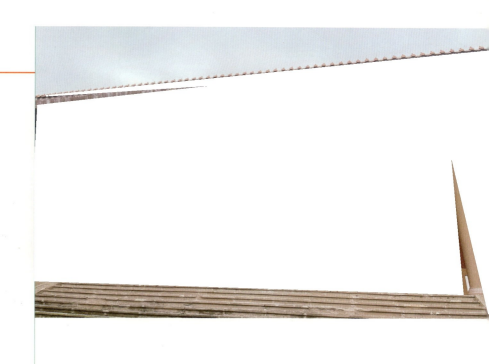

不"止"成都

▶ 2023年4月4日,三次入川第二站:乐山市博物馆

乐山位于四川盆地西南部,坐落在岷江、青衣江、大渡河三江交汇处,北与眉山接壤,东与自贡、宜宾毗邻,南与凉山相接,西与雅安连界。公元前309年,秦武王在此设置南安县,"治青衣、江会",并从陕西泾水地区迁大量人口到青衣江流域定居。公元前256年,蜀守李冰组织乐山人民凿断凌云山崖,开出引水渠道,修建都江堰,从此岷江、大渡河的水上航运在乐山一带逐步发展起来。

来到乐山虽没看到想要的文物,但我们想尽办法找到了馆长的联系方式,要到了资料,成功借了人家四件展品——是不要借展费的那种。

▶ 2023年4月5日，三次入川第三站：
雅安市博物馆

雅安地处大渡河及其支流青衣江的河谷山地，位于中国西南横断山区"南北民族大走廊"的中段东部。早在旧石器时代，北方黄土地区的人群和西南山地的人群便经由这条"民族大走廊"保持着接触与交流，在雅安汉源地区留下了特色鲜明的"富林文化"。再往后，汉源狮子山新石器时代遗址的彩陶和细石器，说明雅安地区的史前文化与黄河上游地区的原始文化之间有着诸多联系。从青铜时代开始，雅安地区便成为"北方草原文化""巴蜀文化""滇文化"等南北族群文化的交融之地。尤其是春秋战国以后，"巴""蜀"以及《史记》中被称为"西南夷"的西南古代部族，更是频繁地与北方民族在这条"民族大走廊"上交流融合。雅安地区的荥经、宝兴、芦山、汉源等地出土的具有北方草原文化风格的青铜器就是昭证。

我们来雅安，就是想探寻蜀文化核心地区之外的四川其他地区的文化面貌及其与秦的关系。很幸运，我们探寻到了。雅安市博物馆虽不大，但展线十分流畅。一鼓作气看完所有的展览和精美的收藏后，我们知道，霸天肯定很心动。果然，霸天又冲进了人家的办公室，不仅商量了文物的借展，还实现了蹭车。

▶ 2023年4月5日，三次入川第四站：
荥经县博物馆

雅安市荥经县位于四川盆地与青藏高原的接合过渡地带，是战国秦汉时期邛、笮与蜀人的交通要道，也是南方古丝绸之路的门户和必经之路。20世纪70年代以来，考古工作者以严道古城遗址为中心发掘清理了多批战国秦汉之际的墓葬，其中有代表性的墓葬群有荥经古城坪秦汉墓、曾家沟战国墓群、烈太战国土坑墓、南罗坝村战国墓、荥经城关镇同心村战国晚期墓等。上述墓葬基本是以严道古城遗址为中心分布，这说明该遗存是一处包含有古城址、古墓葬等不同遗迹、遗物的大型聚落遗存。战国秦汉时期，严道城池不仅是巴蜀西南边地的一处政治、经济和军事中心，也是多元文化交融的枢纽。

▶ 2023年4月6日，三次入川第五站：蒲江县博物馆

蒲江县博物馆位于蒲江文庙内，听说他们马上要建新馆，库房里的文物就可以通通摆出来了。

蒲江东北发现的战国船棺葬及大量青铜器、陶器，见证了当时蒲江地区蜀文化的繁荣。

第二天要去茂县，山里温度低，霸天、周崽和攀der三个人迷迷糊糊的，都没带厚衣服，临时在雅安街边买了羽绒裤和冲锋衣。**糖油果子**就是在买衣服的时候街边偶遇的惊喜，简直绝了。

▶ 2023年4月7日，三次入川第六站：茂县羌族博物馆

茂县是四川省阿坝藏族羌族自治州的下辖县，位于四川西北部、阿坝藏族羌族自治州东南部的青藏高原东南边缘，在平原与高原的过渡地带。这里自古就是岷江南北通道的重要联结点，是联结黄河流域与长江流域的重要文化走廊。当地复杂的地理环境为当时复杂文化面貌的形成提供了天然条件。

5000年前，已有先民在这里耕耘稼穑，制器生息。以营盘山遗址为代表的遗存是岷江上游地区的一种以本土文化因素为主体，同时吸收了多种外来文化因素的地方文化类型。商周时期，早期蜀文化因素开始出现在岷江上游。战国时期，这种情形尤为突出。到了战国晚期，巴蜀文化因素大量出现于岷江上游的石棺葬。位于茂县的以石棺葬为特点的战国牟托1号墓就是当地巴蜀文化与外界多种文化交流的结果。牟托1号墓的发现，对今人认识长江上游与黄河上游地区之间的文化交流与传播，以及古蜀文明的渊源，提供了新的思路。

▶ 2023年4月8日,三次入川第七站:都江堰市博物馆

都江堰是蜀文化特展中的重要内容之一。但遗憾的是,在我们考察期间,都江堰市博物馆没开门,听说是没有展厅。后来,博物馆的郑馆长为我们的展览补充了翔实的资料,将2000多年前蜀守李冰对四川的卓越贡献讲得明明白白。

第一次看见熊猫出租车。"拜水都江堰,问道青城山"。时间太紧了,我们没有时间看都江堰,也没有时间会晤白素贞。

▶ 2023年4月8日，三次入川第八站：绵竹市博物馆

绵竹位于成都平原西北部，因其地滨绵水，两岸多竹子，而得名。据史籍记载，绵竹古为蜀山氏地，西周时为蚕丛国之附庸，秦时隶属蜀郡。

绵竹市博物馆在市文保所内。园区的休息区里，当地阿叔正在切磋国粹。　　*就是麻将，哈哈！*

1976年，四川绵竹清道乡发现了一座战国中期偏晚的船棺葬，出土了大批青铜器和陶器，其文物数量之多、种类之丰富，为川内罕见。此墓船棺粗糙而窄小，制作简单；出土器物大多为兵器，且多是装有木柄的实用兵器；许多容器和工具都有不同程度的使用痕迹，炊器底部有浓厚的烟炱痕迹。该墓无墓穴，仅将船棺放在沙石滩上，棺内放置随葬器物，再用沙石掩埋。考古学家推测，该墓的主人或许是蜀国军队的将领，在战斗中突然死亡（很可能是战死）后被人们仓促埋葬。墓中所出的反映不同文化因素的器物，应该是这位将领的战利品。

没想到的是，绵竹市博物馆也给予我们大力支持，我们又几乎搬空了人家的展厅。

▶2023年4月9日，三次入川第九站：彭州市博物馆

来之前，霸天就说："这里可是有好东西呢，你们要好好看。"

彭州是成都平原北向的交通枢纽，历史悠久，人文荟萃，是古蜀先民早期活动的核心区域。数十年以来，在彭州发现的窖藏，其时代可上溯商末，下迄明清，是彭州古代社会生动的缩影。这些窖藏所出土的蜀国青铜礼器具有鲜明的地方特色，虽为本地所造，但其造型及纹饰多仿自中原王朝的同类器物，印证了蜀国与中原政权的密切关系。这些蜀国青铜礼器铸造于商末周初，埋藏时间为西周末年或再晚一点儿，一般认为与"望、丛禅让"有关。

不"止"成都

4 入川扫尾

5.10　西安北站 ——— 城固北站 ——— 广元站 ——— 酒店　　住：广元全季酒店
　　　　　　　（G2303）　　（D1705）　　（打车）
　　　参观：张骞纪念馆（城固头博物馆）　　　　　城固柳远美食
　　　　　　　　　　　　　　　　　　　　　　　　广元火锅

5.11　广元 ——— 宜宾西站 ——— 酒店　　　住：宜宾全季酒店
　　　　　　（D1371）
　　　参观：宜宾市博物院　　　　　　　　宜宾燃面
　　　　　　　　　　　　　　　　　　　　宜宾特色菜：柏仁钦鱼菜

5.12　宜宾西 ——— 成都东 ——— 酒店　　成都东 ——— 新都 ——— 成都
　　　　　　（C5654）　　（打车）　　　　　　　　　　（打车）
　　　参观：新都博物馆（桂竹庵纪念馆）　　住：成都全季酒店
　　　　　　　　　　　　　　　　　　　　吃：冒菜钵钵鸡 yyds

5.13.　成都（参观东西，单区不转场）
　　　参观：成都博物馆　　　　　　　　住：成都全季酒店
　　　　　　四川博物院　　　　　　　　吃：干邛富菜

5.14.　成都 ——— 重庆 ——— 成都　　　住：成都全季酒店
　　　　　（G2883）　（G5428）
　　　参观：三峡博物馆　　　　　　　　吃：天椒花大锅（开在居民楼）

5.15.　成都 ——— 西安　过了一个特别复杂的安检
　　　　　（G3290）

▶ 2023年5月10日，四次入川第一站：张骞纪念馆（城固县博物馆）

其实还在陕西。

城固位于陕西南部的汉中盆地，北依秦岭，南屏巴山。城固地区出土的商周青铜器铸造精良、纹饰独特，是中原文明与巴蜀文明在此处交融的见证。

陕西南部汉中盆地的城固县与洋县之间的区域，集中出土了大量的商周青铜器，是当时活动在这一带的人出于某种礼仪的需要而进行的埋藏。有一种说法是，古人在完成祭祀活动后将其埋藏；还有一种说法是，周人在商代末期兴起后，与四川盆地古蜀人关系密切的城洋铜器的主人，因担心自己与商人的亲善关系为周人所敌对，故而将其埋藏。虽然城洋铜器的所有者不是蜀人，但这批青铜带有明显的巴蜀文化因素。

▶ 2023 年 5 月 11 日，四次入川第二站：宜宾市博物院

宜宾位于川、渝、滇、黔接合部，金沙江与岷江在此汇合为长江，有"万里长江第一城"之称。商周时期，宜宾的僰人与巴蜀先民相邻而居，深受巴蜀文化的影响。秦并巴蜀后，在宜宾置僰道，加强对周边地区少数民族的管辖。后来，宜宾历代皆为郡县治地，是中央王朝开发和经略西南的桥头堡，是南方丝绸之路的枢纽。

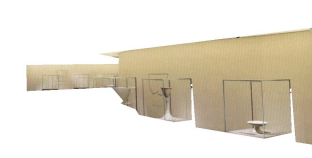

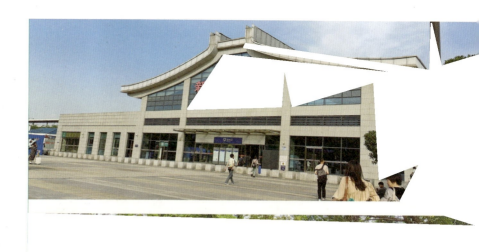

▶ 2023年5月12日,四次入川第三站:新都博物馆(杨升庵纪念馆)

新都之行,我们主要是想对展品进行查漏补缺,结果还真的补到了。

▶ 2023 年 5 月 14 日,四次入川第四站:重庆中国三峡博物馆

看了几次"蜀",我们也来看看"巴"。"特种兵"来了!

▍　如此这般,四次入川,对多个地区文博单位的考察结束,我们的陈列大纲和展品清单基本清楚了。

文本深化

■ 通常，剧本大纲构思好以后，再填充进巧妙动人、逻辑缜密的故事和性格饱满的人物，这样编写出来的剧本才好看。展览也是如此。搭建展览框架是策展过程中最重要的环节，然后在此基础之上，完善内容结构，撰写包括层级内容、版面文字、文物说明和多媒体脚本等在内的文字信息，为展览填充血肉，完成展览内容文本的深化。

■ 内容文本的深化需要在展示空间有限、观众参观时间有限、展示元素有限等硬性条件的制约下，合理规划展览不同层级的内容，理顺不同层级与展览主题之间的关系，并用准确的语言表达这个关系。

完善内容结构

■ 在这个部分，我们需要按照策展思路和陈列大纲，以时间为线索，顺着古蜀文明发展的脉络，用不同时期蜀文化的典型墓葬和遗存以及秦之移民墓为展示元素，把古蜀文明的萌芽、发生、发展、繁荣和转型等阶段清晰、连贯地表达出来。要使展览主线完整而不断裂，还需要通过"辅助内容"和"延伸内容"进行补充，进而帮助观众更全面地理解展览主题，激发他们观展的兴趣。

严道古城遗址

严道古城遗址（今四川荥经六合乡古城村）约自春秋中晚期开始，随着道路发展、商贸增加，人员往来频繁，由原来的邮亭或驿站逐步发展演变为具有一定规模的城池。20世纪70年代以来，考古工作者以严道古城遗址为中心发掘清理了多批战国秦汉之际的墓葬，其中具有代表性的墓葬群有荥经古城坪秦汉墓、曾家沟战国墓群、烈太战国土坑墓、南罗坝村战国墓、荥经城关镇同心村战国晚期墓等。这些发现说明这里是一处包含有古城址、古墓葬的大型聚落遗存。战国秦汉时期，这里不仅是巴蜀西南边地的一处政治、经济与军事中心，也是多元文化交融的中枢。

严道古城作为战国晚期至西汉时期中原文化区域与西南夷地区的地理分界线，处于汉文化向西南地区推进的前沿。秦并巴蜀后，作为秦国在西南的大后方，严道古城成为秦汉将西南地区纳入中原文化体系的边域，巴蜀文化、中原文化和楚文化在此交汇，最终融入大一统的中华文明。

严道古城位置示意图

严君

◎严君，嬴姓，名疾，号樗里子，秦孝公庶子，秦惠文王异母兄弟。公元前312年，樗里子因战功彪炳受封于蜀郡严道（今四川荥经）治边，号严君，人称严君疾。当时严道初设，樗里子受封于此，充分说明了严道重要的政治、军事、经济地位。由于樗里子的治理，严道战事皆休，边关稳定，荥经成为蜀西南繁荣的贸易集散地，源源不断的牦牛、笮马、铜矿及盐等物资在此交流。

上图呈现的是展览中的辅助内容和延伸内容，设置在第三单元"你去了哪里——蜀文化汇入中华文明的历史长河"中第一个二级版面【秦之移民墓：秦人入川做了什么】下的【秦之移民】部分。

移民措施是秦国开发、经营巴蜀地区的重大措施之一。荥经曾家沟战国时期秦人移民墓正是这一措施的证明。曾家沟战国墓群位于严道古城遗址东南的荥河南岸的曾家沟村，与荥经古城坪秦汉墓、烈太战国土坑墓、南罗坝村战国墓、荥经城关镇同心村战国晚期墓等一起，构成以严道古城遗址为中心分布的遗存聚落。同心村战国巴蜀墓葬群和南罗坝巴蜀墓葬群也是该单元二级版面【战国中晚期的蜀墓：川军为秦的统一做了什么】要展示的重点。将"严道古城遗址"作为辅助内容进行展示，将文字与地图相结合，不仅让展览中涉及的雅安荥经地区曾家沟、同心村、南罗坝等遗址出土的文物由点串成线，也便于观众从整体上理解展览内容与展览主题。

"严君"在历史上与"严道"有密切的关系。秦并巴蜀后，秦王之子受封于此，充分说明了严道重要的军事、政治和经济地位。"严君"之内容，虽然与展示内容有关联性，但并不是展览结构中必需的存在，因此将其设置为延伸内容，感兴趣的观众可以有选择地阅读。

▎一次尝试：

▎这次，我们还做了一个新的尝试，即在单元与单元之间加上过渡文字。过渡文字既是对上一单元的总结和升华，也是下一单元的开端和引子。这些过渡文字，不仅让展览空间和时间的转换更为自然，也能让观众更好地理解从古蜀文明到蜀文化的发展脉络，使整个展览叙事更加保有连续性和完整性。

第一单元到第二单元的过渡文字

第二单元到第三单元的过渡文字

撰写文字

■ 可别小看陈列方案中文字的撰写，这需要硬功夫。在撰写文字的过程中，首先须注意的是文字内容的准确性，即能否准确表达所在层级的内容。这样的工作要求也培养了内容设计师咬文嚼字的习惯。其次是文字内容的可读性，观众能看得懂的文字信息才是有效的信息。在这个环节，内容设计师会化身成观众，一次又一次地阅读撰写好的版面文字，从观众的角度去仔细体会阅读感受。版面文字的字数也是需要关注的问题，每个层级的版面虽然没有字数上的具体规定，但言简意赅为最好。最后，就要考验内容设计师的语言表达能力了，是发出"蜀道难，难于上青天"的感叹，还是表述为"我的天哪，山好高"呢？每到这个时候，我们总能回想起老师对我们的教诲，领悟到"书到用时方恨少"的真谛。

■ 上展前的文字校对是文字工作的最终环节，尽管几经校对，但上墙之后依然会发现有错字。这也是我们文字工作者永远的"痛点"。

■ 展览文字主要有一级版面如前言、结语、各单元一级版面，还有二级版面、三级版面，以及文物说明、辅助内容、延伸内容、知识链接、多媒体脚本等。前言是展览的开场，提纲挈领地介绍整个展览，对展览有引领作用。但结语，不是展览的落幕，而是对展览的总结和升华，引领观众联结过去与未来、思考历史与当下。各单元的一级版面、二级版面、三级版面，是对所在层级内容的完整的逻辑表达，层级之间的逻辑关系是我们撰文时考虑的重点。我们的习惯是，在撰文过程中，将整个展览文本的前言、各单元的一级版面和结语一并考虑，再将各单元的一级、二级、三级版面放在一起通读。这样既方便我们理清各个版面所处的位置和职责，也能在展览主题的指引下，有效准确地表达各层级所承载的信息。

（1）层级内容撰写（以一级版面为例）

璀璨的文明

三千六百年前，古蜀人创造了高度繁荣的三星堆文明，让我们看到了一个社会安定、生活富足、崇尚神祇的世界，其独特的魅力至今令人遐想万千。从三星堆到金沙，古蜀先民的政治、仪式中心从鸭子河畔迁至成都平原腹地，他们用特有的方式彰显着四川早期文明独有的浪漫。东周时期，古蜀社会从神权政治转变为以军政王权为特征的社会。公元前316年，秦王巴蜀，新的政治、经济格局伴随着秦军入川的脚步，将古蜀文明闪现的神性光芒，推向了充满人性光辉的世界。让我们携手一起探寻古蜀文明的去向，去发现她的未来吧……

你是谁
—— 特立独行的古蜀文明

"一鸣惊人"的三星堆遗址的发现，使独具特色且神秘的古蜀文明闯入了人们的视野，引发世人无数的猜想。桂圆桥遗址、宝墩遗址、金沙遗址、十二桥遗址等重要遗存的相继发现，也为我们清晰勾勒出古蜀文明的发展历程。在解读遗存的内涵，探寻古蜀文明的起源与发展轨迹时，我们向特立独行的古蜀文明发出第一问，【你是谁？】

- 距今4500—3800年
  宝墩文化，新津宝墩遗址为代表
- 距今3800—3100年
  三星堆文化，广汉三星堆遗址为代表
- 距今3100—2600年
  十二桥文化，成都金沙遗址主体遗存为代表

你从哪里来
—— 多元文化碰撞下的蜀文化

三星堆遗址、金沙遗址、新都马家木椁墓、什邡城关战国秦汉墓群的发掘，双元村船棺葬，成都商业街船棺葬，竹瓦街窖藏、彭州竹瓦街青铜器窖藏等的发现，充分反映出自商代晚期至东周时期，不同区域文化的交互碰撞令古蜀文明散发出不一样的光彩，也证明此时向发现的商周式青铜器，在更广泛的区域内发现的数量不等的商周式青铜文化向更具包容性的区域文化转变。这使我们对第二问【你从哪里来】有了明晰的答案。

- 商代晚期
  三星堆遗址
- 西周
  约前88世纪-前7世纪初
  金沙遗址，新都马家木椁墓等
- 前316年
  秦灭巴蜀

你去了哪里
—— 蜀文化汇入中华文明的历史长河

公元前316年，"秦并巴蜀"这一重大历史事件，结束了古蜀国雄踞西南的历史，此后百年，秦将巴蜀地区作为统一六国的战略大后方而努力经营，设置郡行县，兴修水利，推广农桑，在秦的经略下，成都平原逐渐成为"水旱从人，不知饥馑"的天府之国。同时，秦国多次移民至此参与蜀地的开发，移民带来了新的生产方式和文化，更加速了蜀文化融入中华文明的进程。四川盆地从此成为后世历代中央王朝经营西南的战略要地。公元前221年，秦朝建立，"大一统政其下"，蜀文化的去向清晰可见。

- 前316年
  秦灭巴蜀
- 前221年
  秦统一
- 前202年
  汉代建立

文明的归途

从宝墩文化、三星堆文化、十二桥文化，到东周时期的晚期蜀文化，古蜀文明闭而不塞，与周边文化保持着密切联系，不断汲取着商周文化、楚文化、秦文化等中原主流文化的养分。"秦并巴蜀"开启了蜀文化发展的新纪元，独具特色的蜀文化，不仅随着秦人对成都平原的统一在政治、经济、文化领域的长期经略，而逐渐与其他文化元素相交融，同时伴随如汇入滔滔大河的消消细流，逐渐融入中华文明发展的蜀文化，经互鉴而成长，由独特而日渐丰盈。如今入滔滔大河的消消细流，逐渐融入中华文明的系统之中。

在构建人类命运共同体的今天，所有的文明都会遇到挑战和机遇，也都会在吸纳他者的前提下，不断地被他者改变。然而，多元一体的文明归途却是一致的。

（2）版面文字的撰写（以延伸内容为例）

时间	日用陶器					仿铜陶礼器					囷
	鬲	盆	豆	喇叭口罐	釜	甗	鼎	簋	壶	盘	
春秋早期											
春秋中期											
春秋晚期											
战国早期											
战国中期											
战国晚期至秦代											

东周秦墓出土的典型陶器器形变化对比图

  这幅图引用自井中伟、王立新编著的《夏商周考古学》中的《东周秦墓出土典型陶器分期图》，是蜀文化特展第三单元"你去了哪里——蜀文化汇入中华文明的历史长河"下第一个二级版面【秦之移民墓：秦人入川做了什么】部分的一个延伸内容。这个部分主要通过对比蜀地秦之移民墓中出土的陶器，阐述秦之移民对蜀地的影响和贡献。《东周秦墓出土典型陶器分期图》内容直观，展示了东周时期秦墓典型陶器的发展与演变，是秦文化发展的例证。将这幅图作为展览主题内容的延展说明，可以让观众通过对比蜀地与秦地的遗物，了解当时秦与蜀的关系。

■ 关于这幅图的图说，在校对之前，我们与霸天展开了几个回合的对抗。

　　一稿：西周时期，秦文化主要分布在天水地区。这一时期，秦文化墓葬流行直壁长方形竖穴土坑墓，头向西，屈肢葬，随葬品以日用陶器鬲、盆、豆、罐为主，文化面貌上与周文化有极大的相似性。西周晚期，秦文化墓葬中开始出现有别于周文化的元素，如喇叭口罐，秦文化开始起源与发展。春秋早中期，秦文化主要分布在天水、长陇和宝鸡地区。这时，口大底小的竖穴土坑墓出现并有所增加，头向以西向为主，也有少量南、北向，葬式仍以屈肢葬为主，有少量直肢葬，部分有殉人。随葬青铜礼器以鼎、簋、方甗、方壶、盘、匜为主，不见鬲、豆、敦等，器形由制作规整趋于明器化，纹饰由重环纹、窃曲纹和瓦纹发展为蟠螭纹。日用陶器以鬲、盆、喇叭口罐为主，器底拍印麻点纹的鬲和大喇叭口罐成为典型的秦式器，出现少量陶釜、仿铜陶礼器和陶囷。这些都表明，秦文化开始形成自身特点。春秋晚期至战国中期，秦文化沿着前期已形成的轨迹稳定发展，并将自身特点发展到极致。这一时期，墓葬形制仍为直壁或口大底小的长方形竖穴土坑墓，头向绝大部分向西，以屈肢葬为主，同时存在直肢葬墓地。随葬青铜礼器明器化显著，仿铜陶礼器趋于简单，日用陶器仍以鬲、盆、喇叭口罐为主，豆减少，釜增多，圜底上多拍印麻点纹，出现圜底茧形壶。战国晚期至秦汉之际，秦文化分布范围遍及整个陇东和关中地区。在墓葬形制和头向、葬式方面都发生了较大变化，长方形竖穴土坑墓中口大底小者占多数，出现洞室墓并趋于增加，头向已无一定规律，直肢葬渐趋普遍。随葬青铜礼器均为中原列国式，没有规律性组合。出现了日用铜器蒜头壶和鍪。原有的秦式仿铜陶礼器被中原列国式带盖鼎、带盖豆、盒和壶取代。日用陶器组合多样化，普遍用釜，秦式鬲减少。这一时期是秦文化大规模向外扩张的时期，也是大规模吸收秦文化所到之处的当地文化的时期，秦文化的面貌和性质都发生了明显变化。

关于这段话，霸天的反馈是：乱，太乱了，字太多，重点不突出，重写。她说，大部分观众不具备考古学的基础知识，无须将具体的考古学信息列入其中，他们只需从图表里看到器物的不同组合形式以及器物形制的变化就可以了，我们也只需将秦文化发展的特点及趋势概述出来。然后，攀der就带着"怎么就乱了，明明就说得很清楚"的心态继续去看原始材料，继续梳理这个内容在展览中的位置、作用，最后写成了下边的第二稿。

　　二稿：随着秦国政治势力的萌芽、发展、壮大，秦文化也经历了形成、确立、发展和转型等阶段。西周时期，秦在文化面貌上与周文化有极大的相似性。西周晚期，秦文化墓葬中开始出现有别于周文化的元素，秦文化开始起源与发展。春秋早中期，随着襄公立国和穆公"开地千里，遂霸西戎"，秦不断开疆拓土，政治地位提高，秦文化也正式确立，形成自身特点。春秋晚期至战国中期，秦巩固疆域，实行变法，成为战国诸雄中的强者，秦文化也沿着前期已经确立的轨迹稳定发展，并将自身特点发展到极致。战国晚期至秦汉，随着司马错灭蜀，秦将西南地区作为自己的大后方，开始征伐六国的战争，并最终统一六国，秦文化也大规模扩张到其政治势力所及之地区和帝国版图之内，同时大规模吸收所到之处的当地文化。秦文化的文化面貌和性质发生了明显变化，并开始同中华大地上的其他文化一起，形成多元但统一的中华文化。

▌二稿修改后,反馈回来的信息是:再调整,注意语言的准确性。

　　三稿:随着秦国政治势力的萌芽、发展、壮大,秦文化也经历了形成、确立、发展和转型等阶段。西周早期,秦文化与周文化的面貌极为相似。到了晚期,秦墓中出现有别于周文化的元素,秦文化开始起源与发展。春秋早中期,随着襄公立国和穆公"开地千里,遂霸西戎",秦不断开疆拓土,政治地位提高,秦文化也正式确立,并形成自身特点。春秋晚期至战国中期,秦巩固疆域,实行变法,成为战国诸雄中的强者,秦文化也沿着固有轨迹稳定发展,并将自身特点发展到极致。战国晚期至秦统一,随着司马错灭蜀,秦将西南地区作为自己的大后方,开始了兼并六国的统一战争,秦文化也随之大规模地扩散到其政治势力所及的地区。同时,秦文化还大规模地吸收了所到之处的文化,兼收并蓄,完成了自身文化的丰富,开始同其他区域文化一起,形成多元但统一的中华文化。

▌这是霸天修改的第三稿。但是在上墙之前,这都不能算定稿,因为我们还要再次甚至多次咬文嚼字。霸天的多次"折磨"也让我们切实感受到上墙的那点文字写起来真不容易。

（3）文物说明文字的撰写

文物说明是文物的"台词"。在展厅里，文物首先要表明自己的身份，包括名字、尺寸、出土地、收藏单位，然后再展示自己的价值，以及出现在这个展厅的原因，即它与展览主题的关系。

「九年相邦吕不韦」铜戈

:: 战国
:: 横长26.6厘米 :: 纵长16.3厘米 :: 厚0.4厘米
:: 四川青川郝家坪出土
:: 青川县文物管理所（县博物馆）藏

◎ 铜戈正面铭刻「九年，相邦吕不韦造。蜀守宣，东工守文，丞武，工极，成都」，反面铭刻「蜀东工」。「相邦吕不韦」指当时的秦国丞相吕不韦。「蜀守宣」指当时的秦国蜀郡守，名宣。「东工守文」指生产这件兵器的官营兵器作坊的长官，名文。「丞武」指作坊的副职，名武。「工极」指铸造这件兵器的工人，名极。在一件兵器上把各级负责人的名字都铸上去，是秦国「物勒工名」生产制度的反映。该戈的铭文，填补了蜀郡守一职在文献史料记载中的不足，且表明「成都」一名至迟在公元前238年已经存在，对成都得名的由来及成都城市发展史的研究有不可替代的史料价值。秦国的兵器生产分为中央督造和地方督造。这件器物的铭文既记录有朝廷的相邦吕不韦，又有地方的蜀郡守，这在战国兵器铭文中实属罕见。

蜀文化特展与之前其他的"东周时期区域文化系列展"有所不同，这一次我们不仅详细阐述了重点文物本身的信息，还增加了文物群组说明。霸天说，人物群像才能展示社会风貌，文物也不是孤立的；许多文物都有自己固定的伙伴，用群组说明的方式可以说明这样的组合在某一种特定文化里的价值和意义。

嵌绿松石四钮铜盖罍
::战国
::口径15.8厘米 ::腹径29.7厘米
::通高43厘米
::四川荥经同心村战国土坑墓出土
::荥经县博物馆藏

"王"字纹铜印章

::战国
::直径3厘米::钮宽1.1厘米::高1厘米
::四川荥经同心村出土
::荥经县博物馆藏

■ 文物群组说明如下:

荥经同心村战国墓群

四川荥经同心村墓群,是一处战国晚期巴蜀文化的重要遗存。这里位于四川盆地西部边缘、邛崃山东麓,处于四川盆地与青藏高原的接合部,是战国秦汉时期邛、筰与蜀人的交通要道,也是南方古丝绸之路的门户和必经之路。虽然同心村地处蜀国的势力范围,但其文化面貌,特别是巴蜀符号的组合方式,与峡江地区的巴人基本相同。这说明荥经与犍为、宜宾、重庆、涪陵等峡江地区的联系更为紧密。荥经同心村墓地排列有序,随葬大量生活用品和兵器,说明这里曾是一个军事集团的公共墓地,当年生活在这里的军人可能是秦灭巴蜀后长期驻守在此的戍边部队。荥经同心村战国墓群的发现,为研究战国时期的巴蜀文化提供了珍贵的实物资料。

■ 　　在这个三级版面【巴蜀的军队储备】版块,霸天的思路是,用四川不同地区出土的文物作为物证,来证明秦并巴蜀后,不仅是蜀文化的核心地区即成都地区,而且今四川境内的广大地区都得到秦的治理,这些地方作为秦的大后方,成为秦统一天下的重要保障。这里很重要的一个元素就是"地区"。我们通过对同一出土地的文物进行群组说明,来阐释墓葬特征和墓葬所在地区的历史特征,不仅展示了文物本体的信息,而且与展览思路相契合,突出了"地区"这个重要元素。

（4）多媒体脚本的撰写

▌内容设计师除了撰写陈列大纲，还有一个重要任务就是编写多媒体脚本。我们首先需要确定多媒体的作用和位置：是位于序厅，对展览进行提纲挈领的引导？还是位于尾厅，对展览进行总结升华？抑或是在某一个重点文物的旁边，解读文物背后的故事？当然，多媒体所包含的内容比版面多多了，只有在确定了它的位置和用途后，才能确定撰写的思路和风格。这个部分是小朱最喜欢的部分，毕竟她的爱好是写文。

▌蜀文化特展的三个多媒体内容都在第一单元，分别是对宝墩文化、三星堆文化和十二桥文化的金沙遗址进行的深度阐释。这些内容都是观众较为熟悉也最感兴趣的内容。对于普通观众来说，视频是一个既直观又易于理解的表达方式。要做出有内容、有意思、有效果的视频，就一定要如同制作路线图一样做好清晰的内容脚本和形式规划。多媒体的脚本一般都会在后续工作中，由制作公司进行深化并制作完成。有时候，制作公司完成的视频样片并不能完全达到我们的要求，或者说与我们想要的效果还有一定的差距。因此这一次，内容设计师还在撰写方案时，小朱就已经写好了多媒体脚本，并且对视频中使用的元素提出了具体要求。

经小朱四次修改的宝墩文化视频脚本

洒向成都平原的文明曙光——宝墩古城

3600～4500年前，史前先民在成都平原上相继筑起了8座古城。如今，它们仿佛一串等待被解读的密码，里面藏着的是一幅幅画卷，描绘了古蜀先民的生活光景。1995年在四川新津宝墩镇宝墩村进行的考古发掘，让其中的宝墩古城呈现在世人面前。（视频内容：宝墩古城在成都平原上的位置所在）

宝墩古城是成都平原上年代最早、面积最大的史前古城，也是长江上游地区面积最大的史前古城。在这里，有城墙、房址、墓葬、石器加工点、稻田等重要遗迹，出土了大批珍贵文物，并且宝墩先民还构建了一整套既能阻敌又可泄洪的严密防御体系。（视频内容：宝墩古城平面图；各类遗址动态示意图及重点遗址介绍）

宝墩文化中的石器制造、制陶工艺、筑城技术、大型建筑基址布局、小型建筑营造方式、稻粟种植、家猪养殖等，开创了成都平原以稻作为主的生业形态，展现了一个文明在初创时期强大的生命力。（视频内容：农业、手工业等反映生活和生产的内容；各类典型陶器）它拉开了古蜀文明的序幕，象征着权力的礼仪性建筑和礼器的出现标志着祭祀已成为当时重要的社会集体活动，人群逐渐有了阶层的分化。（视频内容：概括宝墩文化；凸显演变与发展；"礼制"）

尽管有高山阻隔、大河分割，勇敢的宝墩先民依然与外部进行着密切的交流，这些交流可能是古蜀文明形成的重要原因。宝墩文化在与外来文化的碰撞和整合中形成了自己独有的地域特色。（视频内容：宝墩文化来源路线图及相关文化因素，重点显示文化交流）

发展至后期，宝墩文化的社会复杂化程度加剧，特殊权力阶层出现，文明程度进一步提高。文化因素持续的整合与创新，使陶器的器型特征发生了一定程度的变化，而此时正处于三星堆文化形成前的重要阶段。也可以说，中原及长江中下游的文明因素进入成都平原后，与本地宝墩文化融合，促生了三星堆文化，并且影响了三星堆文化以及之后以金沙遗址为代表的十二桥文化。（视频内容：陶器器型的变化，文明的融合发展）

"满天星斗"的新石器时代文化，实证了中华文明起源的多元性，文明之花竞相开放。宝墩文化可以说是解读古蜀文明的重要密码，也是古蜀文明迈入中华文明历史长河的见证。宝墩文化的发现证实了巴蜀地区也是我国文明起源的重要区域，而且它与良渚文化、石家河文化交相辉映，展现出长江流域文明的多样性与魅力。（视频内容：长江流域文明起源的文化分布图）

在宝墩先民生活的地方，还不断涌现出新的考古发现。或许，我们对宝墩文化的探索，才刚刚开始……

在这次展览落地的过程中，内容设计师想将多媒体作为展览内容的深化和延伸，而形式设计师则想利用多媒体效果来烘托展厅氛围，但双方并没有及时充分地沟通这些想法，最后因为空间使用上的冲突，这段多媒体内容没能在展线上使用。虽然说内容决定形式，但由于各种原因，内容有时也会让步于形式。

展览文字是展览语言的重要组成部分，也是我们在展览与观众之间架起的信息桥梁。只有架好这道桥梁，展览才能真正走向社会、走进观众心里，才能引起观众的主动思考。只有"架好桥"的展览，才能够长久地沉淀在观众的记忆之中。

确定展品

随着文化考察和文本深化的完成，我们拟定的文物清单也更加丰富和完善了。但这也只是我们的一厢情愿，至于能否如愿，还需要跟文物收藏单位进一步沟通商榷后才能确定。通常，沟通的内容主要包括以下几个方面：

展品的档期

近年来，随着国家的提倡和大众日益增长的精神文化需求，越来越多的人愿意走进博物馆参观、学习、休闲、娱乐。这对博物馆展览的数量和质量也提出了更高的要求，文物真正意义上开始"活"起来和火起来，文物的利用率越来越高。许多文物尤其是明星文物的档期越来越紧。我们相中的许多文物，有的已经在别的展览上，有的在我们的展览结束之后又要去另外的地方,甚至有些历史、科技、艺术价值很高的文物,不仅我们相中了,其他博物馆也相中了,需要三方甚至多方协调。遇到这种情况,就该霸天这个"社牛"①上场了,她会用各种办法去联系、沟通,最终借到我们需要的文物。

> 一到这个时候,霸天便会忧郁地看着我们说:"等我退休了,你们几个'社恐'②怎么办呀?"我们心里会说:"车到山前必有路。"

① 社牛:不怕生,自来熟,形容那些在社交方面和谁都能游刃有余地交谈的人。
② 社恐,即社交恐惧症,表示不敢与人沟通交流,见到人会胆怯害怕。

这是成都博物馆收藏的狩猎纹铜壶。我们2023年3月去成都进行文化考察时,它在成都博物馆基本陈列的展线上。但7月我们去商借时,它已经去新疆维吾尔自治区博物馆"出差"了。幸运的是,铜壶8月底可以回到成都。霸天赶紧跟成都博物馆的老师敲定了它后面的行程。

展品的健康状况

文物的健康状况是否适合展出，也是我们必须要考虑的。除了收藏单位外，我们还要与老六沟通，主要是确定文物是否具有稳定性，是否可以顺利展出。此外，还要征求文物保护专业技术人员的意见。对于不适合展出的文物，即便再重要，我们也会考虑用同类型的文物进行替换，或者用其他展示形式去解读相关内容。

展厅环境

影响文物保存环境的因素有很多，如展厅空间的温度、湿度、光照度等。不同材质的文物对展厅环境的要求也不一样。按照行业标准，文物的存放环境主要分为两大类，即无机质类文物存放环境和有机质类文物存放环境。无机质类文物存放环境的总体要求为：温度 14～24 摄氏度，相对湿度 30%～55%，光照度 150～300 勒克斯，大气环境要求清洁、无酸性气体、无灰尘，其中青铜器还要求无氯、金银器要求无硫化物。有机质类文物存放环境的总体要求为：温度 14～20 摄氏度，相对湿度 50%～60%，光照度 50 勒克斯，无紫外线，大气环境要求清洁、无有害气体、防尘、防虫、防霉，等等。

「更修田律」木牍

:: 战国
:: 长46厘米 :: 宽2.5厘米 :: 厚0.4厘米
:: 四川青川M50出土
:: 四川省文物考古研究院藏

◎ 青川县M50出土的秦武王二年（前三〇九）「更修田律」木牍，全面反映了秦在巴蜀实施「开阡陌」制度的详细规定。《为田律》是丞相（甘）茂、内史郾（yǎn）参照秦律而为蜀地更修的田律。该律规定行大亩（二百四十方步），百亩为顷。并且根据南方水田的特点，强调亩上筑畛（田间小路）以便溉浸。《为田律》十分重视封埒（liè）、田埂、堤防标志的设立，以确保农户的土地所有权不受侵犯。它还对农田基本建设做出一些具体规定，如正疆畔、除涂、为桥、修陂堤、利津梁、除道等。以上活动在北方农区一般皆在春三月进行，而青川《为田律》却规定在秋八、九、十月进行，大概也是为适应地区农事特点而采取的变通措施。

不"止"成都

我们展览涉及的文物主要有陶器、青铜器、漆器三种，这就要求我们不仅要对展厅大环境进行控制，还要对柜内的微环境进行控制。例如，收藏于四川文物考古研究院的青川"更修田律"木牍，就需要按有机质类文物下的木质文物的保护标准来制作展柜，将柜内的温度、湿度等控制在一定的范围内。另外，在空间和经费有限的情况下，内容设计师和形式设计师还要充分沟通，在不影响展览结构和内容的情况下，对展品的位置适当调整，将材质相同的文物放在一个展柜里。

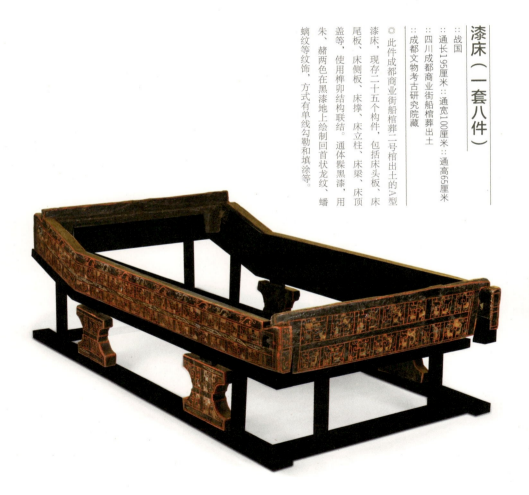

漆床（一套八件）

∷ 战国
∷ 通长195厘米 ∷ 通宽100厘米 ∷ 通高65厘米
∷ 四川成都商业街船棺葬出土
∷ 成都文物考古研究院藏

◎ 此件成都商业街船棺葬二号棺出土的A型漆床，现存二十五个构件，包括床头板、床尾板、床侧板、床撑、床立柱、床梁、床顶盖等，使用榫卯结构联结。通体髹黑漆，用朱、赭两色在黑漆地上绘制回首状龙纹、蟠螭纹等纹饰，方式有单线勾勒和填涂等。

这些因素确定后,我们的展览清单也终于可以定下来了。之后,是确定借展费用和借展期限、签订借展协议、购买运输保险,等待后续的文物运输和布展。这一次,我们超额完成了任务:980 平方米的展厅,原计划选 120～150 件(组)文物,然而在兄弟单位的大力支持下,最终落地的展览共选用文物 306 件(组),使展览内容更加饱满。

小巴,小巴,我有机会去大秦了。我要和我的好朋友一起去大秦执行展览任务。不知道现在的大秦,跟你去的时候一样不一样?

真替你高兴呀!小蜀,等你回来了,给我讲一讲大秦现在的样子吧。

地图的使用

在历史文物类展览中,与展览相关的地图是重要的展示元素之一。根据内容的需要,地图可以作为辅助内容,补充说明展览信息,甚至还可以成为展览的线索。以"平天下——秦的统一"展为例,展览以问题为开端,以时间为轴,以湖北云梦睡虎地秦墓出土的简牍中记载的黑夫、惊和衷的故事为线索,采用倒叙的方式,层层递进地讲述了秦国由西方边陲部族成长为统一帝国的漫漫征程,以及秦为中国创立的大一统政体所做的贡献。为了说明秦的发展历程,展览中使用了多幅秦国在不同时期的疆域图。每一幅地图既是对所在部分的辅助展示,又与其他地图一起构成一条完整的叙事辅线,将秦人不断东进拓土,最后平定天下的奋进之路展示出来。即便观众只看了地图,也可以清晰地梳理出秦的发展之路。

蜀文化特展中,我们共使用了约 30 幅地图,包括考古遗址分布图、遗址平面图、遗址位置示意图、线路图等。这些地图的使用,使得整个展览信息更加完善且具象。例如,展览中的辅助内容"闭而不塞的蜀地",通过《四川盆地的主要山脉及河流》和《南方丝绸之路、蜀道及长江航道图》两幅图,观众足以直观地了解古蜀时期蜀地的交通状况,以及蜀地与其他地区的往来与交流,明白"闭而不塞"的含义。

> 霸天说她以后想尝试一下,只用地图做一个展览。

秦孝公继位时的战国格局（重绘地图，引自秦始皇帝陵博物院：《平天下——秦的统一》，西北大学出版社，2019年）

战国晚期秦楚疆域图（重绘地图，引自秦始皇帝陵博物院：《平天下——秦的统一》，西北大学出版社，2019年）

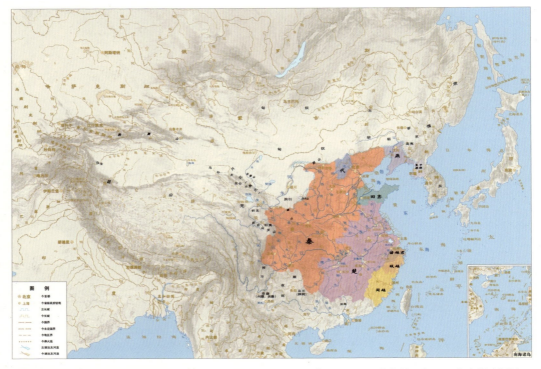

秦统一前的战国形势图（重绘地图，引自秦始皇帝陵博物院：《平天下——秦的统一》，西北大学出版社，2019年）

■ 展览中使用的地图有两种来源：一种是通过对相关资料的全面搜集和详细梳理，整理出目前学界的最新研究成果，然后请具有地图编制资质的单位根据这些资料和展示要求重新绘制；另外一种是"拿来主义"，这也是最常用的办法，即将其他已经公开展出的展览或公开发表的学术著作中的与我们展览相关的地图直接拿来使用（当然，我们在展览中和图录里都会标明资料来源）。在实际工作中，常常是根据展示要求，对原图进行重新绘制。当然，这些地图还须报送有审核权的测绘地理信息行政主管部门审核，获得审图号后，

这一点请大家千万不要忽视。

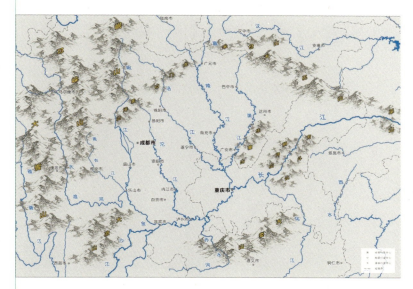

四川盆地的主要山脉及河流（重绘地图，引自秦始皇帝陵博物院：《问蜀——东周时期的蜀文化特展》，西北大学出版社，2023年；原图引自孙华：《四川盆地的青铜时代》，科学出版社，2000年）

才能公开展览和出版。这是因为：第一，展览中所使用的地图，均要符合我国《地图管理条例》的相关规定；第二，所使用的地图资料，其信息必须完整、清晰；第三，引用的地图要与展览整体设计风格和图录风格保持统一，这也使得大多数地图都要做局部调整；第四，要补充最新的学术资料和研究成果，如新公布的考古资料等。必须夸赞的是，负责这次展览地图编制工作的西安地图出版社的老师，对我们所使用的地图进行了详细审查和仔细考量，选出了必须要重绘的才加以绘制，而且对于地图颜色和风格上的简单调整，他们是免费给我们做的。

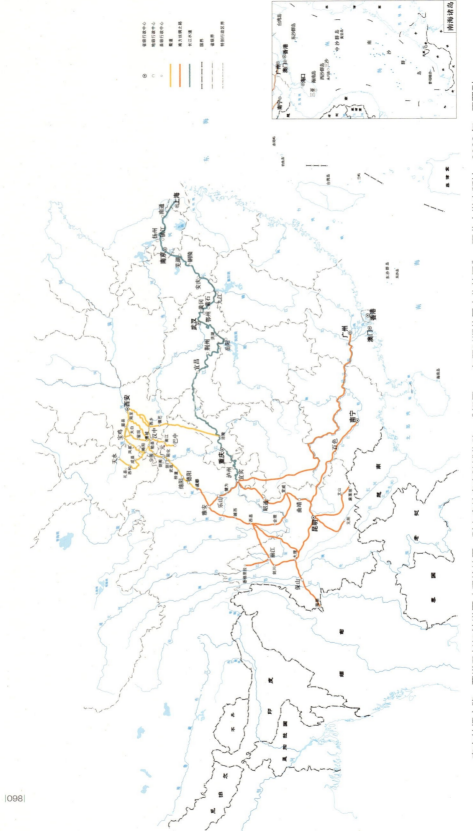

南方丝绸之路、蜀道及长江航道图（重绘地图，引自秦始皇帝陵博物院：《问蜀——东周时期的蜀文化特展》，西北大学出版社，2023年；原图引自四川博物院基本陈列"古代四川"）

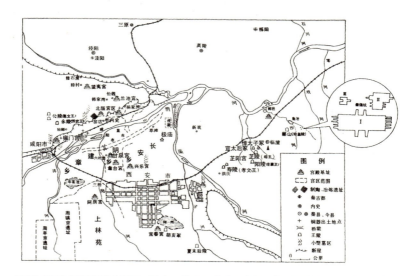

秦都咸阳布局示意图（原图，引自王学理：《咸阳帝都记》，三秦出版社，1999年）

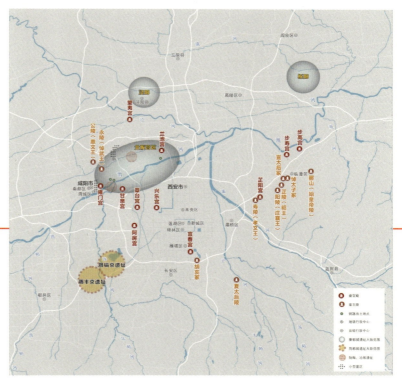

秦都咸阳布局示意图（重绘地图，使风格统一，引自秦始皇帝陵博物院：《问蜀——东周时期的蜀文化特展》，西北大学出版社，2023年）

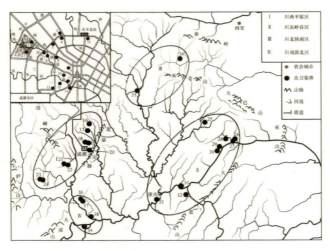

1. 金沙遗址"黄河"地点 2. 金沙遗址星河路西延线 3. 光荣小区 4. 金沙巷 5. 金鱼村 6. 石人小区 7. 白果林小区 8. 青羊小区 9. 商业街 10. 青羊宫 11. 文庙西街 12. 百花潭中学 13. 无线电机械工业学校 14. 凉水井街 15. 北郊汽车车配件总厂 16. 绵竹清道 17. 什邡城关 18. 新繁水观音 19. 新都马家 20. 龙泉驿区北干道 21. 蒲江鹤山镇盐井沟 22. 蒲江东北公社 23. 荥经同心村 24. 荥经南罗坝 25. 宣汉罗家坝 26. 开县余家坝 27. 云阳李家坝 28. 云阳营盘包 29. 万州曾家溪 30. 万州大坪 31. 涪陵镇安 32. 涪陵小田溪 33. 巴县冬笋坝 34. 昭化宝轮院 35. 汉中石英砂厂 36. 犍为五联 37. 犍为金井 38. 屏山沙坝 39. 水富张滩

巴蜀文化墓葬出土铜刀分区示意图（原图，引自向明文：《巴蜀文化墓葬出土铜刀类型、分区与分期研究——兼谈环首刀的来源问题》，载《边疆考古研究》2016 年第 2 期）

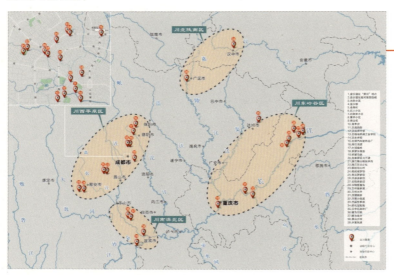

巴蜀文化墓葬出土铜刀分区示意图（重绘地图，使风格统一，引自秦始皇帝陵博物院：《问蜀——东周时期的蜀文化特展》，西北大学出版社，2023 年）

完成陈列方案

无论什么样的展览,从主题的凝练到叙事线索的梳理,再到展品的选择和文字的撰写,策展人都付出了很多心血。但如果观众没有看懂,那便是我们没有做好;如果文字的表述与展览主题有割裂感,也是我们没有阐释清楚。整个蜀文化特展陈列方案的完成,看似只有几个来回,但现在回过头来看看我们蜀展小分队从组队到现在的微信聊天记录,就会发现,稿子有来有往地改了几十遍,其中有框架的调整,有文物的更换,有辅助内容的增减,更有语言表述的多次修改。

你们没想到吧。

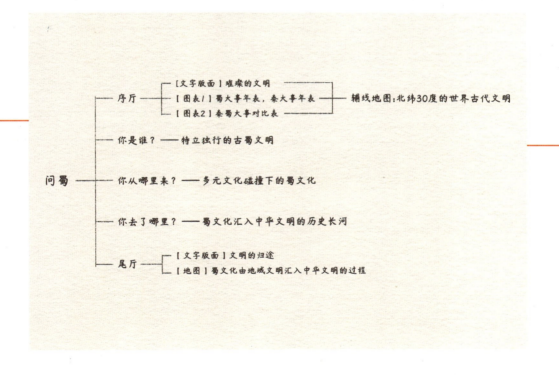

第一单元：你是谁？——特立独行的古蜀文明

【辅助版面】古史寻踪——文献记载的蜀王世[系]
【知识链接】"古蜀"是蜀吗？

宝墩遗址：
已经破解的古蜀密码

三星堆遗址：
人神何以共舞？

金沙遗址：
谁的黄金国度？

【辅助内容】
宝墩文化哪里来？
【投影】
改写中国文明版图的史前古城
【展品1】
营盘山遗址出土文物(2件)
【展品2】
宝墩遗址出土文物（5件）

【辅助内容1】
（图版）甲骨文中的"蜀"
【延伸内容】
为什么叫"三星堆"？
【知识链接】
三星堆文化
【辅助内容2】
三星堆文化与中原文化的交流
【投影】
"一醒惊天下"的三星堆遗址
【多媒体】
大立人猜想
【展品】
三星堆遗址文物（3件）
【展品】
城固出土文物（2件）

【辅助内容1】
金沙遗址位置图及功能分区
【延伸内容】
金沙人来自三星堆吗？
【知识链接】
十二桥文化
【辅助内容2】
谁的黄金面具？
【投影】
沉睡千年的古蜀王都
【多媒体】
古蜀先民的太阳崇拜
【展品】
成都金沙遗址出土文物（6件）

策展笔记　问蜀——东周时期的蜀文化特展

二单元：你从哪里来？——多元文化碰撞下的蜀文化

街窖藏：参与讨伐商纣了吗？

【辅助内容1】
蜀文化与中原文化（关系）

【辅助内容2】
（甲骨文）中的"蜀"

【展品1】
（窖）藏的铜器群？
（某）地区出土与蜀文化
（相）类似文物（3件）

【展品2】
（相）似青铜器1组
（）（重点文物）

【展品3】
（兵）器及面具等1组
（牛组）

【展品4】
（勾）陶器1组（2件）

新都大墓：是蜀王"开明"吗？

【辅助内容1】
新都马家木椁墓平、剖面图

【辅助内容2】
蜀楚关系

【展品1】
新都马家木椁墓出土青铜容器1组（4件）

【展品2】
新都马家木椁墓青铜兵器1组（10件）

【展品3】
新都马家木椁墓青铜工具1组（10件）

船棺之谜：是逆流而上还是顺流而下？

成都商业街船棺葬

【辅助内容】
M1发掘现场、商业街出土的漆竹木器

【展品】
成都商业街船棺葬出土文物（9件）

双元村船棺葬

【辅助内容】
双元村M154出土的主要器物

【展品1】
青白江区双元村出土文物（11件）

【展品2】
青白江区五里村出土文物（5件）

成都平原其他地区出土的船棺葬
（以什邡、蒲江为代表）

【辅助内容】
什邡城关战国秦汉墓群

【展品1】
什邡地区出土文物（34件，明确的时间序列）

【展品2】
蒲江地区出土文物（4件）

巴蜀符号：蜀人有文字吗？

【辅助内容】
巴蜀符号印章

【展品】
四川地区出土巴蜀图符铜印1组（不同形制、不同符号1组7件）

第三单元：你去了哪里？——蜀文化汇入中华文明的历史长河

秦之移民墓：秦人入川做了什么？
【延伸内容】东周秦墓出土典型陶器分期图

战国中晚期的蜀墓：川军为秦的统一做了什么？

秦蜀古道
【辅助内容】
秦蜀古道路线图、金牛道示意图、秦蜀古道栈道现状图

秦之移民
【辅助内容1】
广元、成都、雅安地区秦文化遗址分布图
【辅助内容2】
严道古城遗址
【延伸内容1】
严君
【延伸内容2】
（秦并巴蜀后）巴郡、蜀郡、汉中郡位置示意图

改革促发展

巴蜀的物资储备
【辅助内容】
巴蜀式青铜釜甑
【展品1】
雅安、荥经蜀墓出土文物（6件）
【展品2】
成都字库街遗址出土文物（7件组）

巴蜀的军队储备
【图表】
秦并巴蜀后蜀参与的伐楚战争
【辅助内容1】
1.环首刀及其在巴蜀的分布
2.巴蜀文化的典型代表柳叶型剑
【辅助内容2】
青铜兵器上的虎图形
【辅助内容3】
秦代吉语印（3~5张）
【展品1】
荥经同心村战国蜀墓出土文物（9件）
【展品2】
荥经同心村战国蜀墓出土青铜印章（7件）
【展品3】
雅安地区出土战国青铜兵器（3件）
【展品4】
绵竹清道乡金土村战国蜀墓出土文物（30件）（墓主为蜀军将领）
【展品5】
彭州致和镇红瓦村青铜器窖藏出土文物（6件）
【展品6】
广元地区出土文物（3件）
【展品7】
乐山地区出土文物（4件）
【展品8】
屏山沙坝墓地出土文物（4件）
【展品9】
绵阳出土文物（6件）

【展品1】
青川郝家坪出土文物（9件组）
【展品2】
成都营门口出土文物（1件组）

【展品3】
荥经严道古城秦移民墓出土文物（2件）
【展品4】
成都东林四组秦移民墓出土文物（20件组）

蜀人治蜀
【辅助内容1】
岳麓秦简出现"蜀巴郡"一名
【辅助内容2】
成都城的修筑：
1.古蜀国先秦时期城市体系图
2.秦都咸阳
3.张仪筑"成都城"的平面布局图
【辅助内容3】
"成亭"漆器
【图表】
蜀郡所设19个县
【延伸内容1】
郡县制（郡、县、乡、里四级地方行政管理组织图解）
【延伸内容2】
列备五都
【展品】
成都矛（1件）

但置郡守
【展品】
青川木牍（1件）

重视农桑
【辅助内容】
1.字库街遗址出土秦简
2.铁官
3.简牍中的秦手工业管理
4."九年相邦吕不韦"
【展品】
"九年相邦吕不韦"铜戈（1件）

发展手工业
【辅助内容1】
1.水工大成
2.堰成惠蜀
3.恩泽后世
【辅助内容2】
都江堰出土石碑和石像
【辅助内容2】
都江堰出土石碑和石像
【展品】
蜀守李冰（3D打印模型）
【动画】
都江堰水系原理演示
【辅助展品】
都江堰出土陶水塘模型图版

兴修水利

策展笔记　问蜀——东周时期的蜀文化特展

终章 消失还是融入：蜀文化去往何处？

羊子山M172：蜀文化对楚文化的吸纳与包容

【展品1】
成都羊子山172号墓出土文物（4件）
【展品2】
新都博物馆藏巴蜀符号戈
【展品3】
利州出土文物（7件）
【展品4】
成都荷花池中药材市场出土楚式铜剑（1件）

茂县石棺墓：多元文化交融的产物

【延伸内容】
石棺葬
【辅助内容1】
营盘山遗址
【辅助内容2】
石棺墓平面图、立面图、俯视图
【辅助内容3】
牟托出土兵器、礼器、乐器
【辅助内容4】
牟托出土战国动物纹青铜牌饰
【展品1】
茂县营盘山遗址出土文物（5件）
【展品2】
茂县牟托石棺葬出土文物（10件）
【展品3】
茂县牟托石棺葬出土文物（9件）
【展品4】
茂县牟托石棺葬出土青铜牌饰（1件）
【展品5】
茂县牟托石棺葬出土青铜乐器（2件）

载魂之舟：驶向更远的地方

【辅助内容1】
广元宝轮院船棺葬出土器物
【辅助内容1】
大邑五龙乡秦代蜀人墓

蜀地秦人墓的走向

【图表】
蜀地秦代秦人墓的分布
【辅助内容】
成都龙泉驿秦人墓

【展品】
西安相家巷出土封泥（2件）

【辅助内容】
1.闭而不塞的蜀地
2.蜀文化对其他地区的影响
3.秦统一文字与巴蜀图符

你们赶紧把详细内容给我,带文物清单的那种,包括文字版面、辅助内容和延伸内容。我的概念设计已经做好了,最近就集中精力把平面设计一起做了。

你确定你的概念设计在我这儿一次就能通过呀?万一我让你返工呢?

……

在980平方米的展示空间里让观众产生共鸣，引导观众带着对蜀文化的疑问在展厅里进行探索，在历史的长河里遨游，是我们蜀展小分队想要达到的目标。在观众的认知和欣赏水平越来越高的情况下，想要实现展览目标，我们不仅要在展览策划上苦下功夫，而且在形式表达上也要绞尽脑汁，用好的空间布局和色彩来刺激观众的感官，吸引观众走进我们的展厅。

3 如何"问蜀"

内容设计与形式设计的沟通

▎如果内容设计师对展览的呈现形式有基本的了解,并且也有一定的展示空间概念,那么就可以随时与形式设计师沟通,向他们阐释自己的策展理念以及想要达到的展示效果。这对于策展工作的开展是非常有益的。

▎内容设计师与形式设计师的沟通会往来许多次。蜀文化特展的策展思路出来以后,霸天和老六就进行了形式概念设计的沟通,从空间到色彩,再到主题元素。然而,老六眼中的蜀和霸天心里的蜀是不一样的:霸天"问蜀",是要问蜀文化的发展脉络,问蜀文化的归途;老六的"问蜀",是从视觉出发,只想问三星堆。因此,这一轮的沟通至关重要。办公室里,霸天坐在办公椅上有逻辑、有条理地阐释"问蜀——东周时期的蜀文化特展"到底是一个什么样的展览,展览的主题是什么、内核是什么,她想要的效果是什么样的。老六则半躺在沙发上,同样有条理、有逻辑地反驳霸天。二人你来我往,对抗相当激烈。当然,到最后,他们对形式概念设计有了一个共识,只不过这个共识最后的成形还会伴随几轮的微信较量和电话沟通。神奇的是,等到我们给院里汇报工作的时候,这个内部形成的共识在色彩上又发生了一些变化——当然,是越变越好了。悄悄地说,老六还做了数十稿的海报创意设计。

▎   形式概念设计确定以后，材料的选取、灯光的使用等具体工作是老六的专业领域，内容设计师并不会过多干涉，只要准确表达出内容设计师想要的效果就可以。

▎   内容设计师与老六进行的第二轮沟通要在文本深化完成之后。展柜内的设计、展柜内展板上的内容、展板与文物的组合、展品的组合、展品支架的设计等，都要在这一轮沟通。因为文物的摆放方式及组合方式，与其对展览主题的表达密切相关。例如茂县羌族博物馆收藏的茂县牟托1号墓出土的这组兵器，说明了墓主人当时可能拥有的军事领导权，因此在摆放的时候，就要注意它们之间的关联性和整体性。这一点，在形成深化设计时，必须向老六强调。否则，为了视觉美感，老六很有可能把兵器和礼器摆在一起。

单鞘铜剑

宽首铜剑

双鞘铜剑

虎纹铜戈

饕餮纹铜戈

蜥蜴纹铜戈

铜钺

人头像纹铜矛

夔龙纹铜剑

兽面纹铜戈

如何"问蜀"

形式对内容的表达

▎虽然在我们团队，内容设计师对形式设计师能够形成绝对"压制"，但是不得不承认，观众在展厅第一眼看见的，永远是吸引眼球的形式表达，而不是文字内容。因此，形式对内容的准确理解和表达十分重要。如果形式设计能成为这个展览的加分项，那么形式设计师在陈述自己的设计思想、展示自己的概念设计时，内容设计师不仅会拍手称赞，还会为他们加油打气。

> 当然，这只是内容设计师的自我感觉。
>
> 其实我们自己也是这么认为的。

▎为了实现内容和形式的完美结合，在陈列大纲诞生的第一时间，霸天就拉着老六进行讨论，千叮咛万嘱咐："必须要好好读文字，有想法随时沟通，我们会盯着你们的。"在形式概念设计出来之前，老六还会不断遭到霸天的电话轰炸，有时候在食堂吃饭都不得安生，时刻被追问设计的想法。比如，空间是怎么分割的？主题色调是什么？单元内容能很好地衔接吗？甚至还提出"能不能不要总是用直线来分隔空间了"的过分要求。

> 其实就是变相的"威胁"。

▎蜀文化特展使用的展厅，在秦始皇帝陵博物院文物陈列厅的二楼，也是我们都很熟悉的空间。在这个空间里，老六已多次"挥毫泼墨"，对它的布局早已烂熟于心。但对蜀文化特展而言,这又是一个陌生的、全新的空间。分割空间对形式设计师来说十分容易,有中心对称、纵横交错、斜向直线分割等方式,难的是如何打破特定的空间。打破空间首先要从打破以往的自己开始,当然,这也是促使形式设计师行动起来的原动力。但令他们难过的是,这个打破不能随心所欲,不但要被自己限制——要不忘初心,将每一个展览创作成一件作品,还要被内容设计所"牵制"——要在空间中显示内容叙事线索的连贯性,不仅要突出重点,还要有展览节奏。老六还被三令五申:"这次蜀文化特展的重点是东周时期的蜀文化,可不能眼里只有三星堆!我们要告诉观众的是,除了三星堆,四川还有其他内涵丰富的文化。"

> 展览形式设计师肯定很羡慕建筑设计师,建筑设计师有广阔天地,大有可为,而他们只能在方寸天地里哭唧唧。

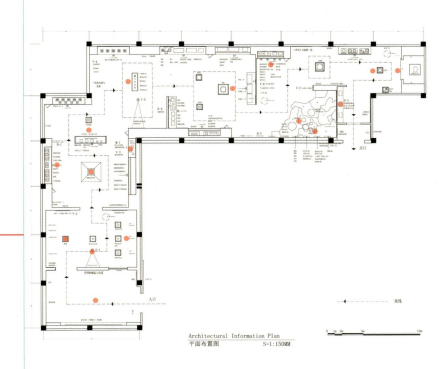

同一空间的不同布局形式——三晋文化展平面布局图

如何"问蜀"

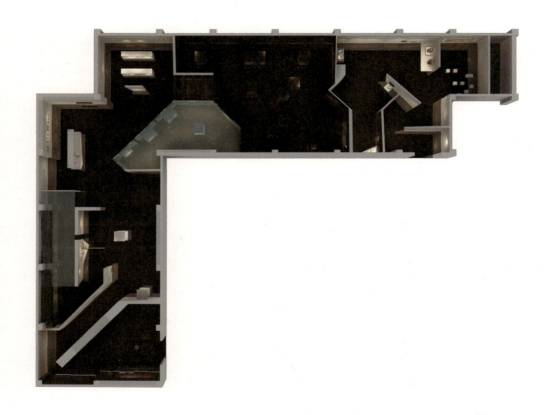

同一空间的不同布局形式——"真彩秦俑"展平面布局图

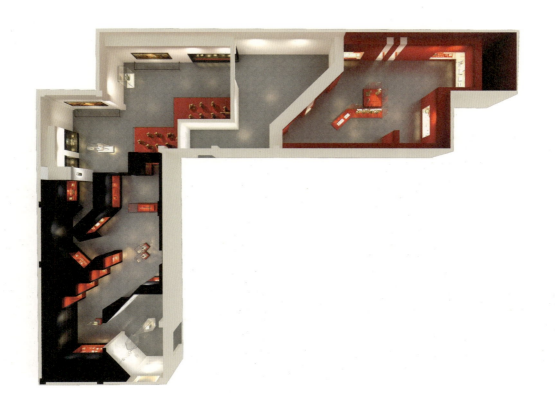

同一空间的不同布局形式——"平天下——秦的统一"展平面布局图

| 如何"问蜀"

▍"好吧，重新出发！"

▍可喜的是，在内容设计师耳提面命，强烈要求形式设计不能过分凸显三星堆、不要再用直线的压力下，我们的形式设计师仍可以不负期待，脑洞大开①，找到了符合展览内容的形式表达——三星堆青铜面具下眼睑的那条弧线。这是他们设计的出发点，也是新的设计语言。

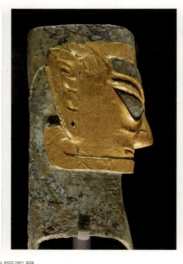

三星堆青铜面具　　　　　　　　　　　　　　三星堆青铜面具眼部特写

① 脑洞大开，网络用语，形容人的想象力非常丰富。

三星堆眼形器

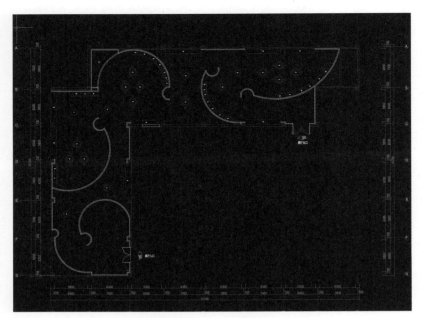

蜀文化特展平面布局图雏形

形式设计师关于弧线的想法

▎　　形式设计师从三星堆青铜面具下眼睑的弧线出发，规划了整个展厅空间，与内容设计师从展览概念上的要求不谋而合。这些弧线就像蜀文化的整体脉络，是发展的，是流动的，在"你中有我，我中有你"的交互发展进程中，如涓涓细流，最终汇入中华文明的历史长河。这样的空间设计实现了内容逻辑与形式呈现的完美融合。

▎　　对展柜基座的包装和彩立面的多维创意，形式设计师也从三星堆青铜面具下眼睑的弧线出发，将这一设计元素的使用贯彻始终。弧形立面上采用半透明的斜三角形，或上或下，既可用来承载文字、图片和影像，又起到分割空间、实现单元之间彼此照应的作用，使整个展厅和谐相宜。

蜀文化特展形式设计稿（模型）

蜀文化特展平面布局图(确定稿)

蜀文化特展轴测图

蜀文化特展概念效果图

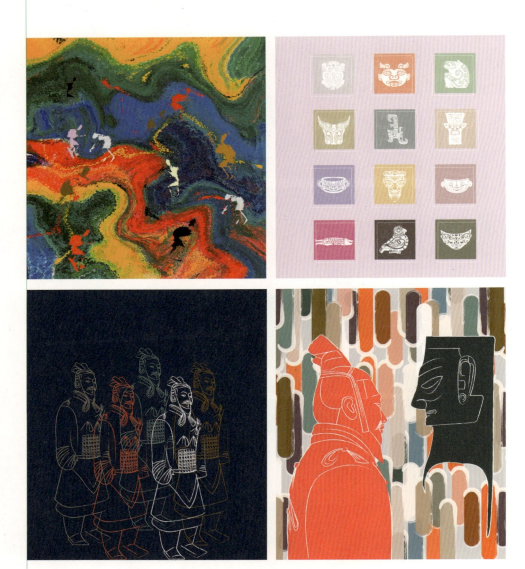

蜀文化特展短弧形墙内侧的平面设计

蜀文化特展概念效果图（局部）

■ 很显然，内容设计师对这次形式的设计概念创意十分满意。内容与形式密切配合、相互理解，成就了彼此的又一次突破。但是我们知道，这个满意只是阶段性的，待内容深化完成后，彩立面的设计、展具展架的设计、灯光的使用等，仍是内容设计师与形式设计师继续较量的重点，说不定还得大战 80 个回合呢。

（对形式设计师）不要高兴得太早，你们的"福气"在后头！

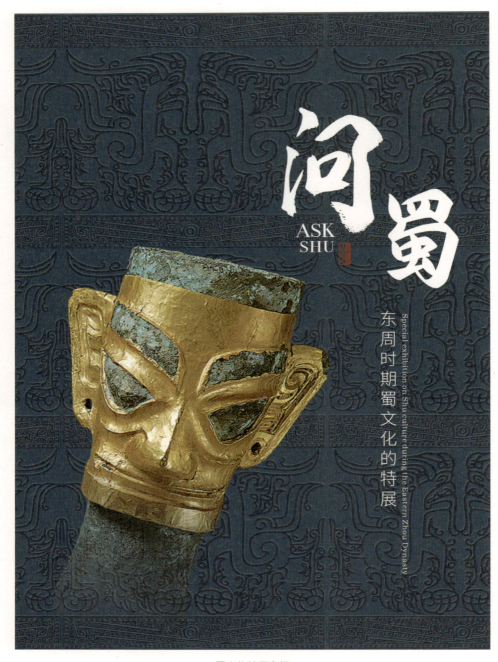

蜀文化特展海报

从展览策划到落地，我们有过许多的**争论**，有时候甚至会上升到争吵的地步。除了内容与形式的**争论**，内容与内容之间也有**争论**，主要集中在内容深化阶段，如展览框架的完善和内容材料的运用，包括内容文本的撰写。总体来说，这些都是关于展览逻辑的**争论**。

4 轻舟已过"万重山"

▎我们有时候觉得，霸天就是个逻辑鬼才，并且爱较真儿。从展览框架到版面信息，我们经常要和她进行较量，有时候是面对面，有时候是语音在线。霸天时常让我们陷入逻辑的被动中，有时候真的怀疑霸天学的是哲学，而不是历史。除了与内容设计的年轻人较真儿之外，霸天还要与形式设计师较量。当然，较量之中她难免会遭遇"滑铁卢"。

▎举个生动的例子。在第三单元的二级版面【战国中晚期的蜀墓：川军为秦的统一做了什么】下的三级版面【巴蜀的军队储备】版块，霸天想要通过雅安、荥经、绵竹、彭州、广元、乐山、宜宾、绵阳、成都等多个地区的历史文化面貌，来印证秦并巴蜀后整个蜀地对秦一统天下所做的贡献。在另一个二级版面【消失还是融入：蜀文化去往何处】下，攀der想通过展示战国晚期蜀墓文化因素的变化和蜀地秦之移民墓文化因素的变化，阐述不同族群之间文化的相互影响与融合，以及蜀文化的去向。

▎本次争论的焦点是广元宝轮院船棺葬资料的使用。如果考虑地点的因素，材料放在【巴蜀的军队储备】版块中的广元部分更恰当；如果考虑墓葬形制的因素，作为蜀地独特的丧葬形制，船棺葬中出现了中原文化元素，更加能说明秦并巴蜀后蜀文化的发展与变化。日常修改方案时，霸天的经验是碾压性的，我们很容易达成共识。但有的时候，争论会异常激烈。就比如这次，霸天应该也在通话中感受到了的攀der的不服气。不过，这次的胜利是属于年轻人的。

不愧多吃了30年的饭。

| 126 | 策展笔记 ▎问蜀——东周时期的蜀文化特展

载魂之舟：驶向更远的地方

作为载魂之舟，船棺承载了蜀地先民渔猎稼穑的勤勉与俎豆馨香的日常，承载了蜀人一以贯之的生活情趣和审美追求。那么，当蜀国成为蜀郡，蜀人邂逅了秦人之后，满载蜀人情怀的船棺又驶向何方？强势的秦文化和绮丽的楚文化，是否会润物细无声地浸润其中呢？

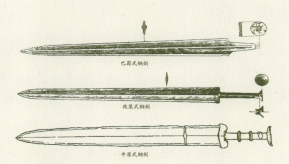

广元战国时期船棺葬出土铜剑主要样式

楚式铜剑

（战国时期，四川广元宝轮镇征集）

宝轮船棺葬位于四川广元昭化区宝轮镇，其时代自秦并巴蜀以后一直延续到秦、西汉初年。经过三次抢救性发掘，考古工作者在这里共清理出墓葬26座，出土文物460余件，以铜器、陶器为主。船棺作为古代巴蜀人盛行的丧葬习俗，在战国晚期与中原文化产生交融，随葬器物的器型、纹饰随之发生了变化。

■ 除了框架上的讨论，我们撰写方案时，在文字的使用上也会产生异议。这与各自的语言使用习惯有关，也与我们对这段文字与整个展览关系的理解有关。比方说下面这段长长的微信对话，它发生在方案统稿过程中。

轻舟已过"万重山"

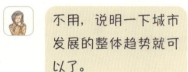

你说"古蜀国在先秦时期就已经形成了比较完善的城市体系，并以此为依托与周边各地进行政治、文化和经济的交流。商至西周时期，古蜀人以三星堆、金沙遗址为中心都城，并在其周边建立起多个规模不一的中小型聚落。战国至秦，四川盆地相继出现了一批新兴城市，其城市体系初见端倪"。这个"端倪"是什么？能解释吗？

"迹象"的意思。

明显不想搭理这个问题。

是什么样的迹象呢？话不能说一半。

这个要解释的话，就多了，"城市体系是什么可能也得解释。

不用，说明一下城市发展的整体趋势就可以了。

城市体系跟城市发展趋势，应该不是一个意思吧？城市体系是指在一定区域范围内不同等级城镇之间的空间布局，是以中心城市为核心，不同性质、规模和类型的城市组成的相互联系、相互作用的城市群体组织。

对呀，就是补充一下城市整体布局的思路，一两句即可。

那还要补充城市体系的特点吗？

不用，只需要说明这是个什么样的体系就可以。

比如这个版面，最后这句话就是结论。刚才你那句话是没有结论的。

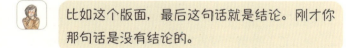

"古蜀国在先秦时期，就已经形成了比较完善的城市体系，并以此为依托与周边各地进行政治、文化和经济的交流。"这句话就是结论呀。

策展笔记　问蜀——东周时期的蜀文化特展

这句话只是说明当时城市布局的情况。那为什么会有这种布局呢？只说"形成了完善的城市体系"，但这个城市体系到底是什么，并没有说清楚。比如北京，作为首都，北京城的卫星城市是为其补充供给或保障其便利的，成都卫星城的功能可能就与北京的不同。因此这里出现"城市体系"，我们就得把这个体系说明白。

我觉得这个不重要。展览是有时间线的。到了战国秦汉时期，只需要说明这个时期城市的发展程度，即出现了"城市体系"。至于是什么样的体系，没有必要深入说。

唉，你这个攀der，你还有理得很。你既然提到了"城市体系"，那当时这个体系建设是为了什么？这与蜀的发展脉络是有关系的吧，那就是与我们的展览有关系。这里不用详细解释，只需要给这个"城市体系"一个定语，即什么样的城市体系。

虽然觉得霸天说得有道理，但是仍然觉得不服气。

那我再找找资料吧。

老师，我举个例子。如果我要强调一个人的富裕程度，就用"亿万富翁"四个字就可以了，但是不论他有 1 亿还是 10 亿，都不影响他是"亿万"富翁。我强调这个时候蜀的发展程度就是用出现了城市体系，至于是什么样的城市体系，对观众来说，并不重要吧。

"亿万"是对"富翁"的定语，是对富翁富裕程度的定位。我强调的就是"城市体系"之前要有定语，如果没有定语"亿万"这个词，你只有 1 万存款，而我有 10 万，那相对你来说，我就已经是富翁了呀。这个概念是不一样的呀。

好，那我再补充。

内心其实觉得确实有道理。

30 分钟后

▌下面是这个争论的结果：

> **成都城的修筑**
>
> 古蜀国在先秦时期，就已经形成了比较完善的城市体系，并以此为依托与周边各地进行政治、文化和经济的交流。商代至西周时期，古蜀人以三星堆、金沙遗址为中心都城，并在其周边建立起多个规模不一的中小型聚落。战国至秦代，特别是秦并巴蜀后，四川盆地相继出现了一批新兴城市。城市数量增加，修筑城垣，并实现郡县二级网络管理体系，表明蜀地的城市体系初见端倪。

▌这种争论在我们的展览筹备过程中不是一次两次，它能一直延续到展览开幕前，有时候仅仅是因为对一个词语的运用，甚至是"的"或"得"的使用。这些争论非常"伤和气"，输了的人有可能会请吃饭，但是确实让我们的展览越来越好。

霸天肯定会说，那是简单的"的、地、得"吗？那是关于一句话是主动还是被动语气，关系到版面文字的准确性。

其实就是伤钱。

▌通过从框架到文字的争论与达成的共识，我们的方案几乎就定了。这里用"几乎"是因为我们的认识与思考会一直发生变化——整体不变，只是细节处会发生一点又一点的变化。有时候展板都上墙了，还觉得不满意，这个时候只能让自己的不满意变成一种遗憾，心里告诉自己：下次我一定会做得更好。

▌至此，我们的陈列方案和展览设计工作便告一段落。但是展览由纸上的思路变成博物馆展厅里的视觉呈现，还需要一个过程——一个不缺少曲折和争吵的过程。

不是结尾的结尾

■ 2023年10月25日,"问蜀——东周时期的蜀文化特展"开幕了。

■ 回过头来再思考,我们对于蜀文化特展的遗憾,更多应该是内容与形式的结合问题。现在落地的效果已经充满惊喜,但如果内容设计师能更主动地与形式设计师在空间叙事、空间节奏、"物"与空间的关系、空间中"物"与"物"的关系、空间与观众的关系等环节进行更加及时、充分的沟通,相信展览出来的效果会更加精彩。

■ 当然了,因为各种各样的原因,每一个展览都会有一些遗憾,或是内容结构可以更完美,或是设计可以更出彩,或是展品应该有更多的选择。相信下一次我们会做得更好。

■ 四次入川,我们认识了蜀,知道了办展的乐趣和辛苦,其中滋味,酸甜苦辣咸,五味杂陈。也知道了霸天对博物馆展览的执着,知道了老六不仅热衷于拍展柜,还喜欢拍别人的设备型号,知道了攀der是个没有方向感的"出差废",知道了周崽吃火锅必点米饭和快乐水,知道了小朱熬夜写方案的时候,内心一直在吐槽吃火锅的我们。

■ 这就是我们——蜀展小分队。

■ 各位观众,江湖再见!

但好在听话,言出法随,哈哈哈。

"碳水"爱好者。

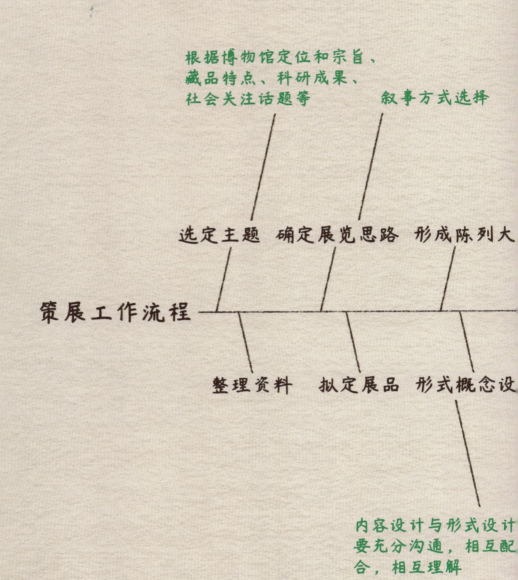

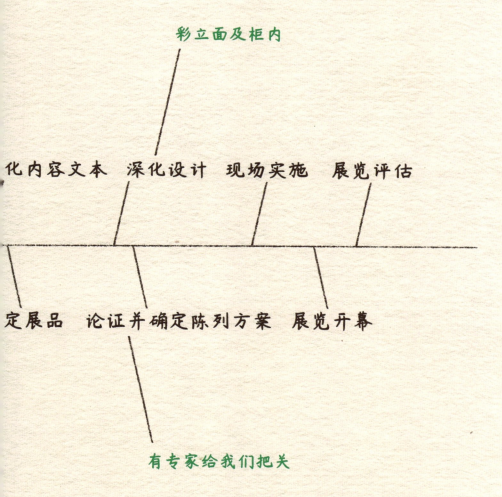

后记

《问蜀——东周时期的蜀文化特展策展笔记》是秦始皇帝陵博物院陈列展览部蜀展小分队的突发奇想，浓缩了策展的旅程——一个复杂、枯燥、艰难但又不失欢笑和乐趣的旅程。在这个旅程里，我们体验到了办展的乐趣，但被困难包围之时，也恨不得再也不办下一个展了。

先来说说乐趣。展览是一个有趣的活儿，从确定主题，到搜集一堆庞杂的资料，由策展人梳理叙事线索，再到自主架构，自圆其说，最后是对展览落地的满满期待。这个过程是一个创作的过程，也是一个不断自我完善的过程。在这个过程中，策展人可以随意发挥，任自己的思绪翻滚翱翔，觉得自己就是这个展厅的"主宰"。当然，这个随意发挥必须有度，历史史实、出土材料、观点冲突、叙事元素、展示空间、展览经费等，都可能成为限制。展览文本完成之后，内容文本的空间表达也非常有趣。我们可以看着设计师将展品当成演员，将文字、图版、展具、多媒体等当成服化道，精心搭配，合理布置，给观众呈现一场视觉盛宴。

另外，展览也是一个"烦人"的活儿，每一个环节都可能遇到"拦路虎"。比如找不到材料、写不出文字、单元之间无法衔接、图片清晰度不够、主题色调定不下来、空间太呆板、手续太多、调研地点太偏僻等。这些问题都能让我们找到爆发的点，恨不得立即把方案删到回收站，再也不办展览了。但很明显，我们并没有删除方案，那是因为我们内心对展览的喜欢和对展览开幕落地的期待，最终战胜了那些"拦路虎"。

▎   这个艰难却快乐的旅程持续了一年半，在这一年半里，我们得到了很多帮助，要感谢许多人：感谢院领导和部门领导对我们工作的支持，在展览筹备过程中与我们及时沟通方案、协调展品、筹措展览经费等，使展览能够顺利向前推进，特别是还要应对我们突如其来的奇思妙想；感谢部门同事对我们展览提出的意见和建议；感谢在此次展览中与我们合作的24家文博同行，在繁忙的工作之余能抽出时间阅读我们的方案，为我们挑选最需要的展品；感谢此次展览的学术顾问给我们的方案严格把关，为我们提供专业建议。最后，我们也要感谢自己，感谢自己的坚持，在这个旅程里，我们虽然有争吵，有不解，有怀疑，有泄气，但是没有人提前下车，我们在相互鼓励中走到了最后！

▎   现在，这个旅程画上了句号。如果要问这个旅程的开心之处，我们小组的每个人都能说出一大堆；如果要问不足之处，大家也能滔滔不绝。

▎   每一个展览都有其独特的魅力与生命力，即使工作流程相同。对于我们而言，每一个展览都是挑战。只要我们永远保持好奇心，保持良好的团队合作与沟通，积极面对新的问题，那么每一个展览都将是一段难忘且快乐的旅程。

▎   期待下次旅程再会。

蜀展小分队
2023 年 11 月

图书在版编目（CIP）数据

问蜀：东周时期的蜀文化特展策展笔记 / 秦始皇帝陵博物院编著；李岗主编. -- 西安：西北大学出版社，2024.8
ISBN 978-7-5604-5383-5

Ⅰ.①问… Ⅱ.①秦… ②李… Ⅲ.①巴蜀文化-出土文物-陈列设计-研究 Ⅳ.①G265②K872.711.4

中国国家版本馆CIP数据核字(2024)第093767号

问蜀——东周时期的蜀文化特展
策展笔记

WENSHU—DONGZHOU SHIQI DE SHUWENHUA TEZHAN CHEZHAN BIJI

编 著 者	秦始皇帝陵博物院
主　　编	李　岗
责任编辑	王　岚
装帧设计	合和工作室
出版发行	西北大学出版社
地　　址	西北大学校内
电　　话	(029) 88302590　88303593
邮政编码	710069
印　　刷	北京雅昌艺术印刷有限公司
开　　本	787 mm×1092 mm　1/16
印　　张	9
字　　数	144千字
版　　次	2024年8月第1版
印　　次	2024年8月第1次印刷
标准书号	ISBN 978-7-5604-5383-5
审 图 号	GS (2024) 3647号
定　　价	76.00元
网　　址	http://nwupress.nwu.edu.cn

如有印装质量问题，请与出版社联系调换，电话：029-88302966。

秦始皇帝陵博物院　西北大学出版社　西北大学出版社
微信公众号　　　　天猫专营店　　　微信公众号